집중력과 기억력을 높이는
다른 그림 찾기

!과 기억력을 높이는
ᆯ 그림 찾기

행 2018년 4월 30일
행 2025년 8월 8일

ᅴ샤넬

양시 덕양구 삼원로 73 한일윈스타 1422호
249
259
ilbook@naver.com

3 (13690)

ᅥ 교환 가능합니다.

BEST 두뇌 트레이닝
집중력 UP
기억력 UP

집중력과 기억력을 높이는

다른 그림 찾기

그림 | 아델 디샤넬

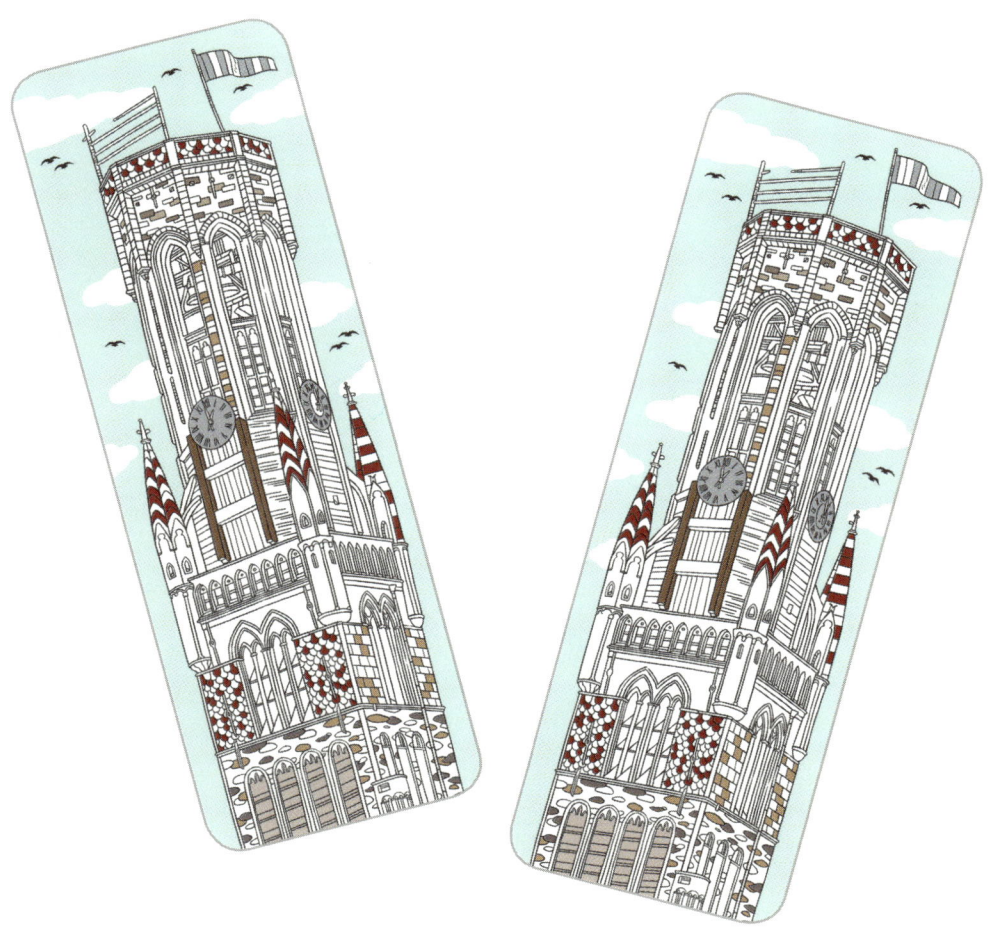

오렌지연필

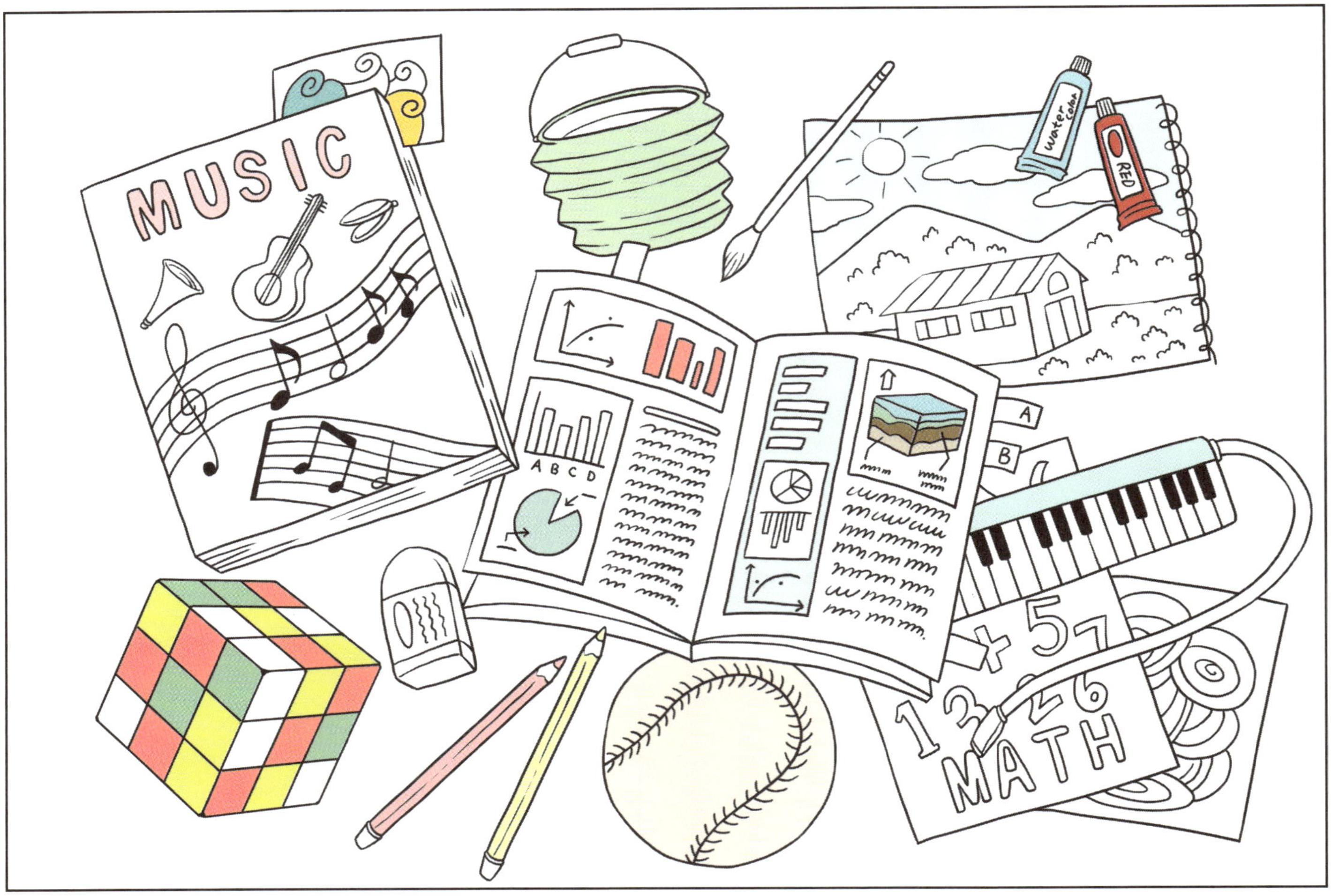
MUSIC
A B C D
A
B
water color
RED
+ 5 7
1 3 2 6
MATH

14

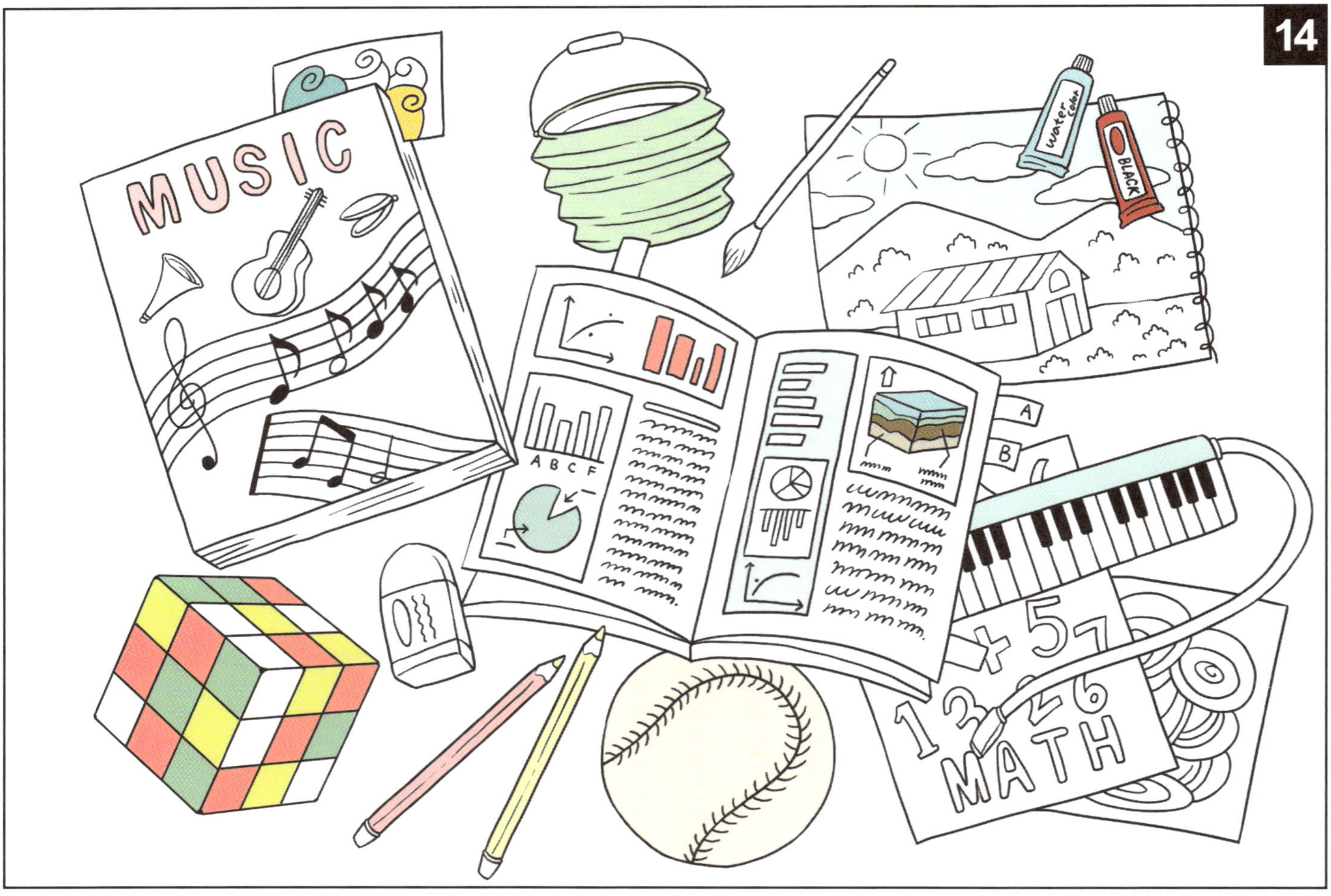
MUSIC
A B C F
A
B
water color
BLACK
+ 5 7
1 3 2 6
MATH

18

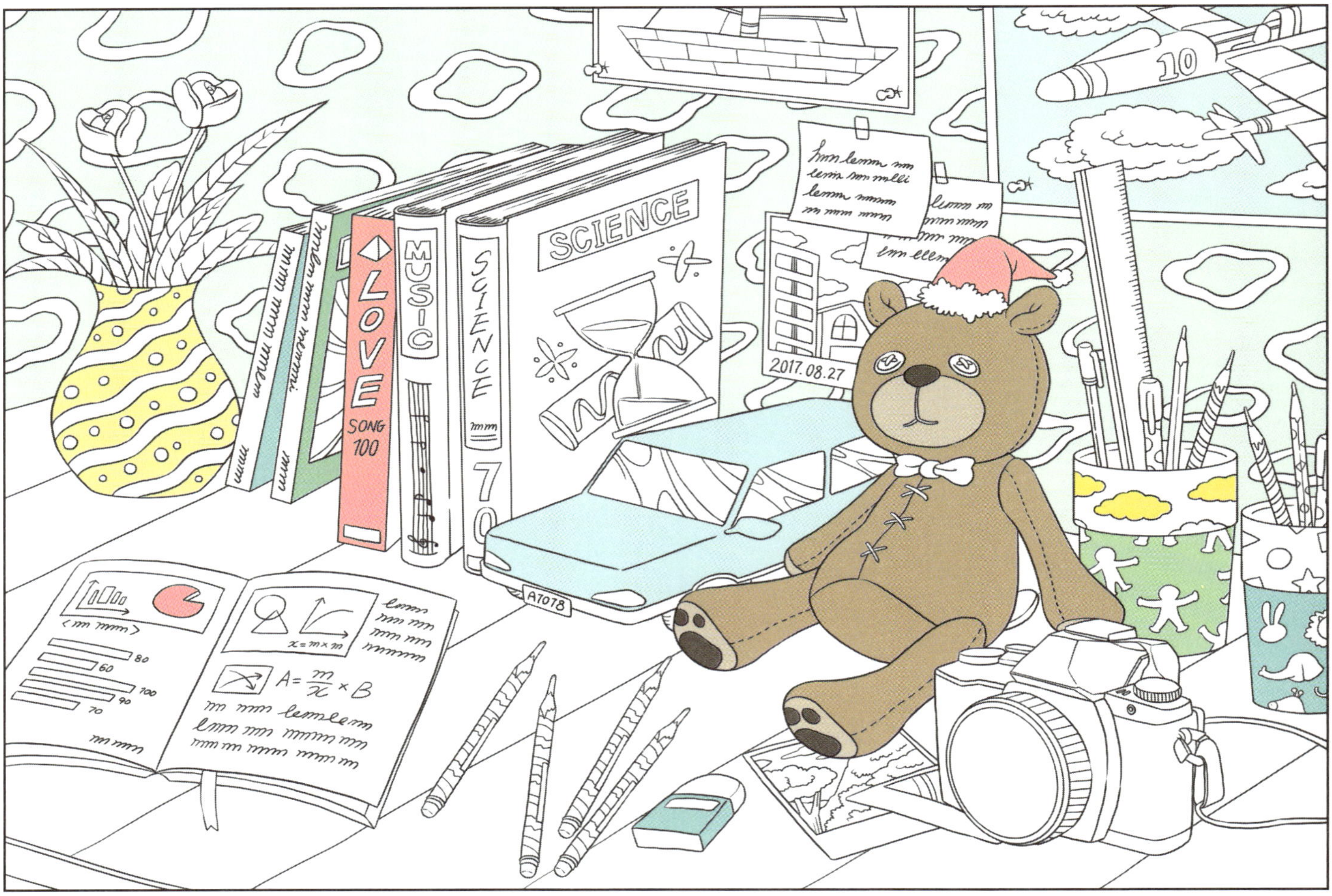
10
SCIENCE
LOVE
SONG 100
MUSIC
SCIENCE
70
2017.08.27
A7078

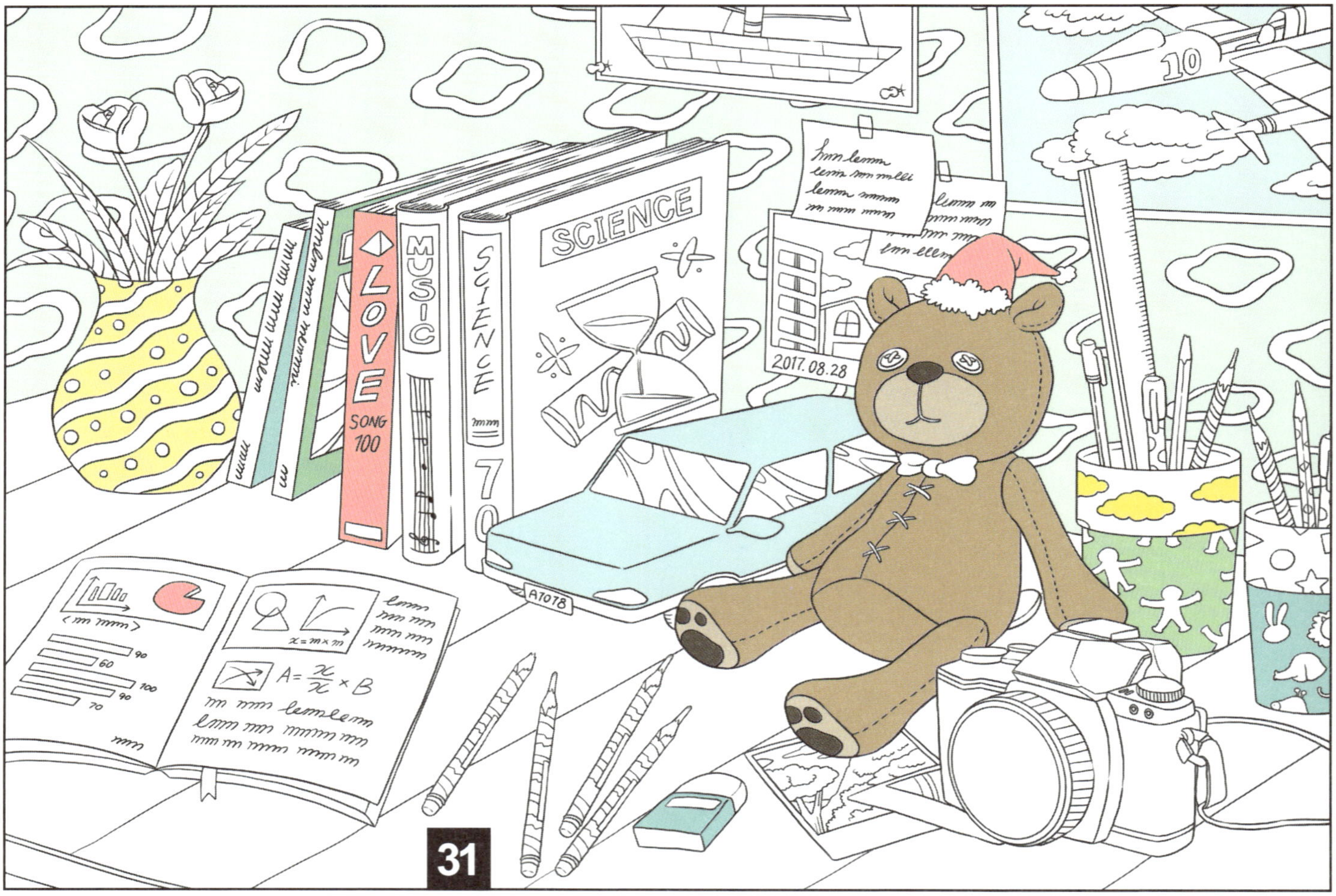
10
SCIENCE
LOVE
SONG 100
MUSIC
SCIENCE
70
2017.08.28
A7078

23

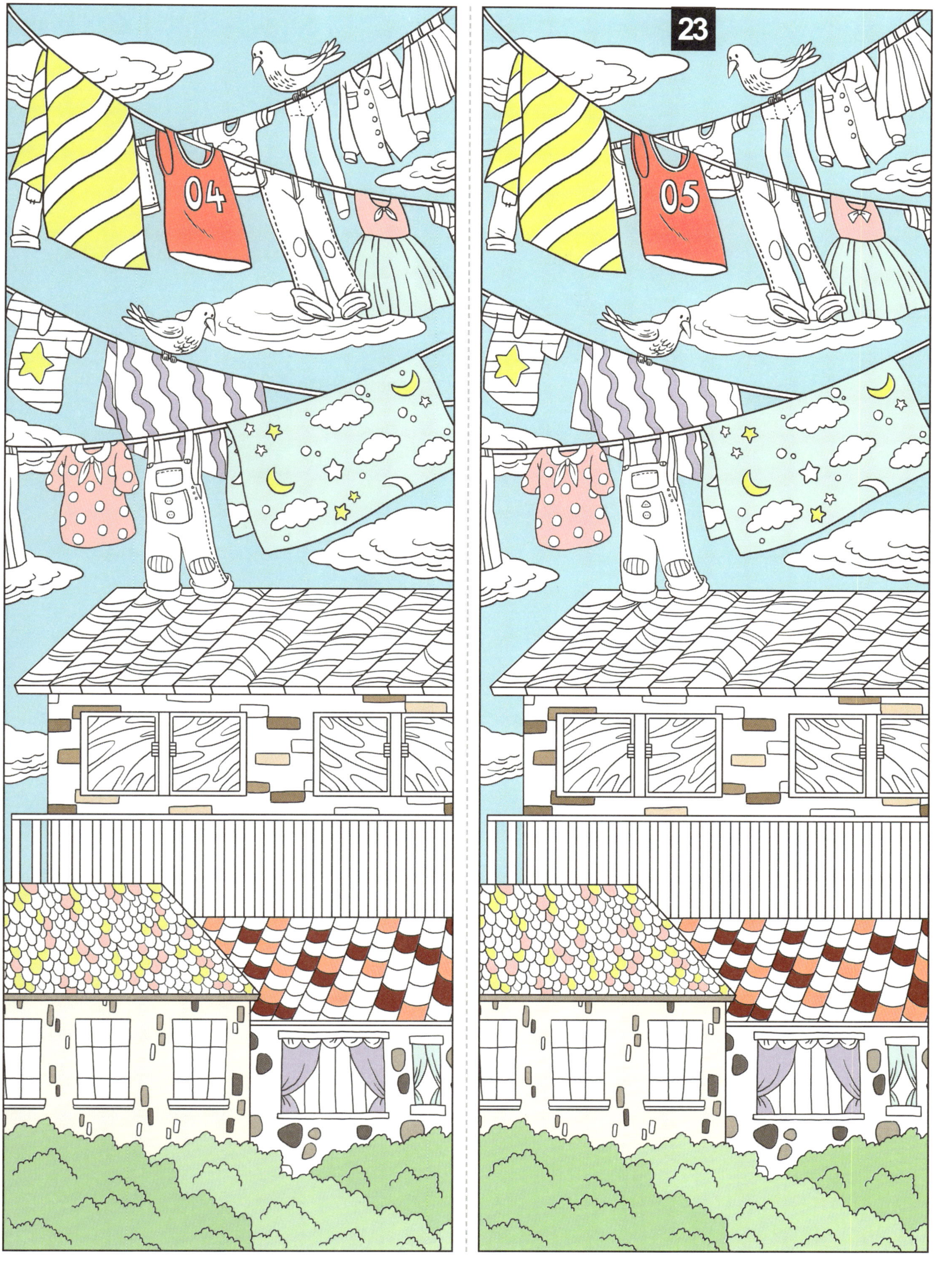

40

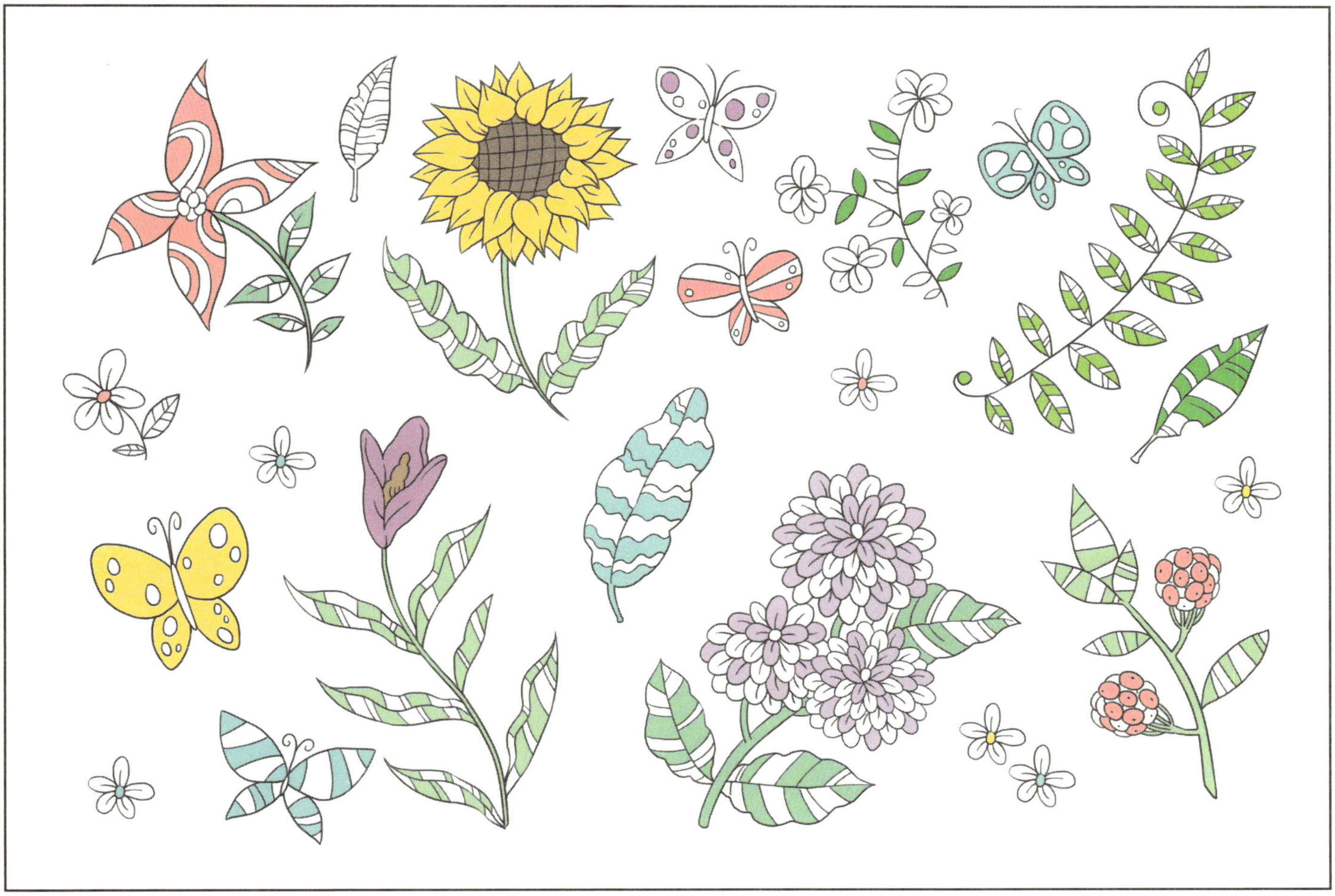

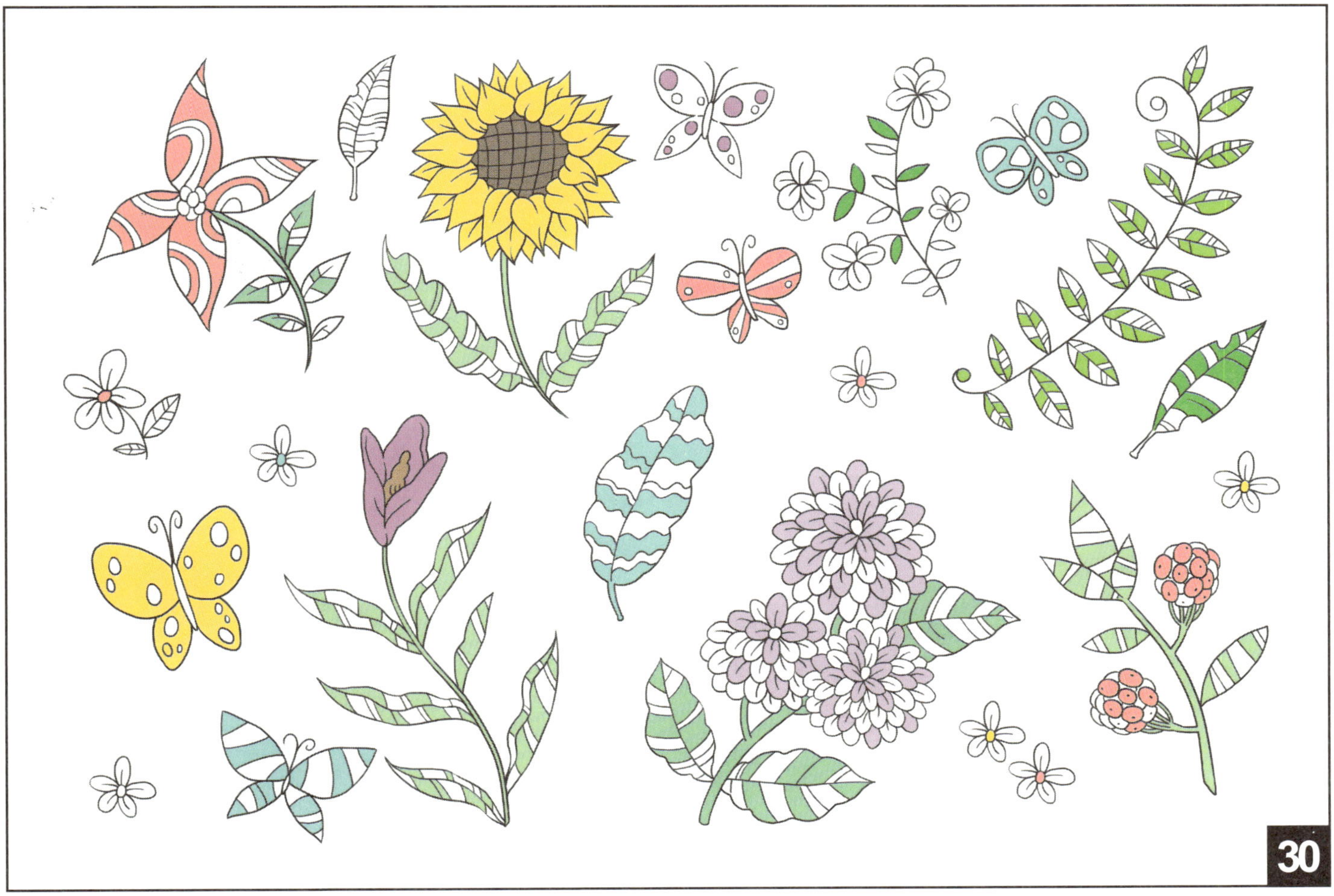

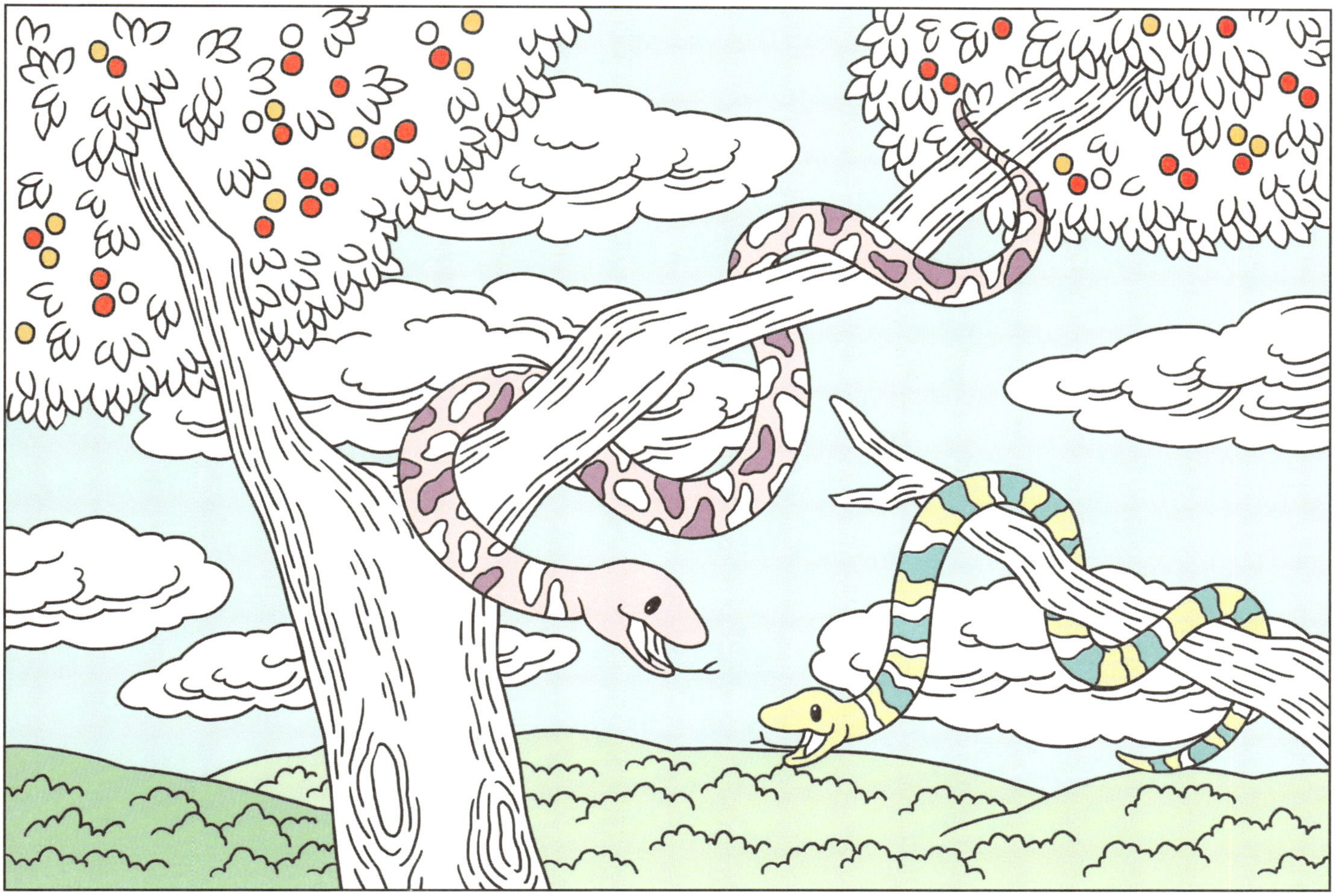

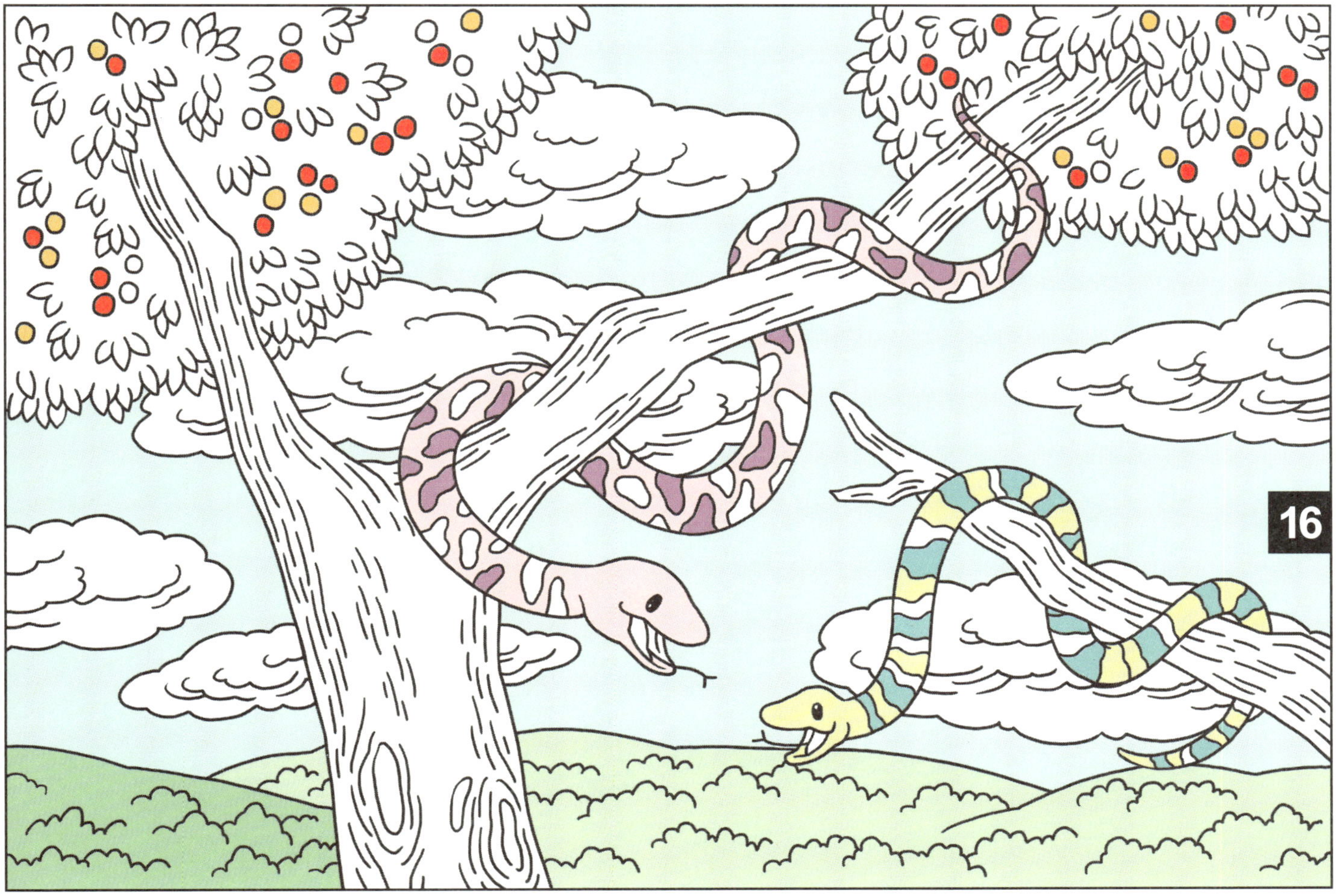

16

13

17

15

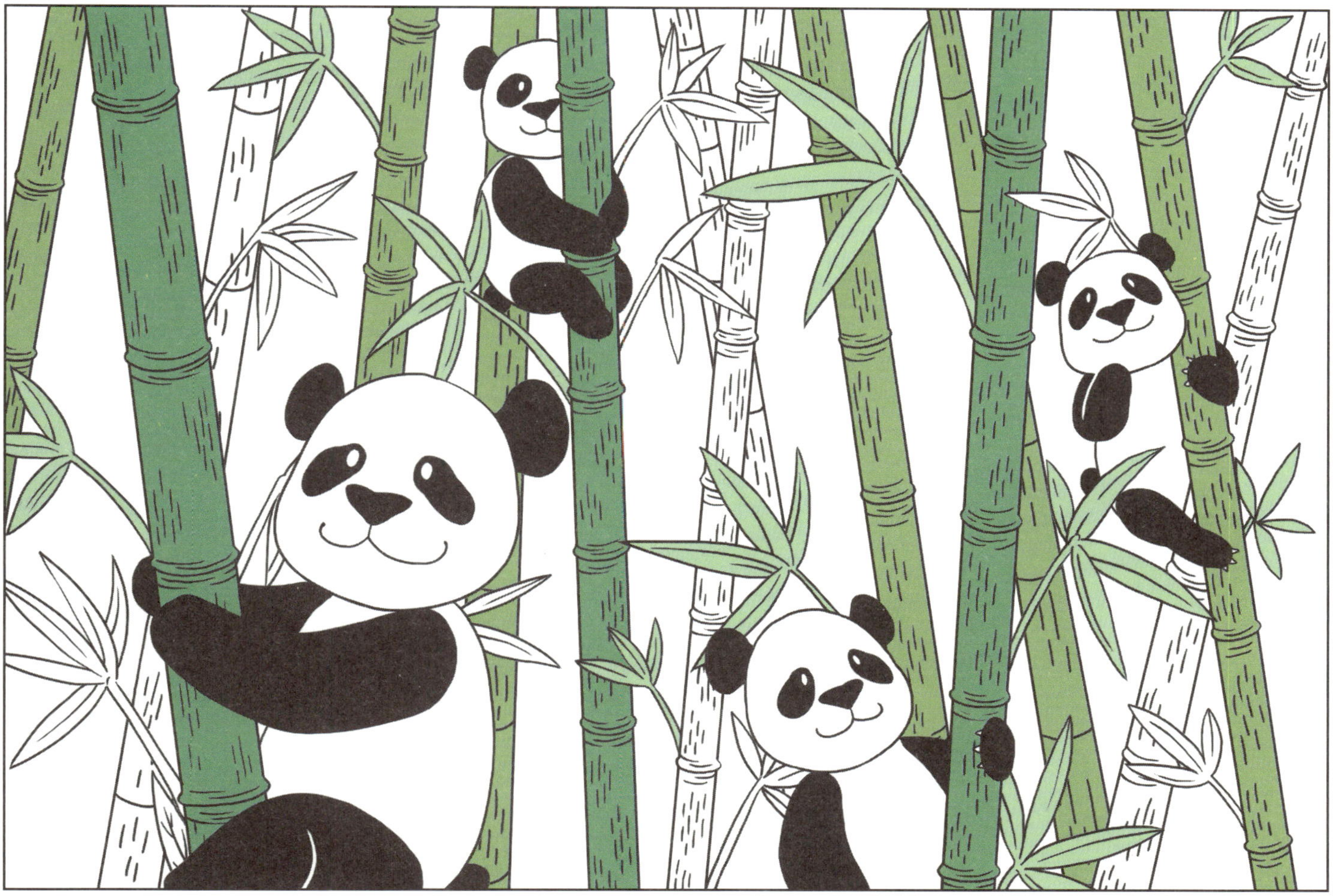

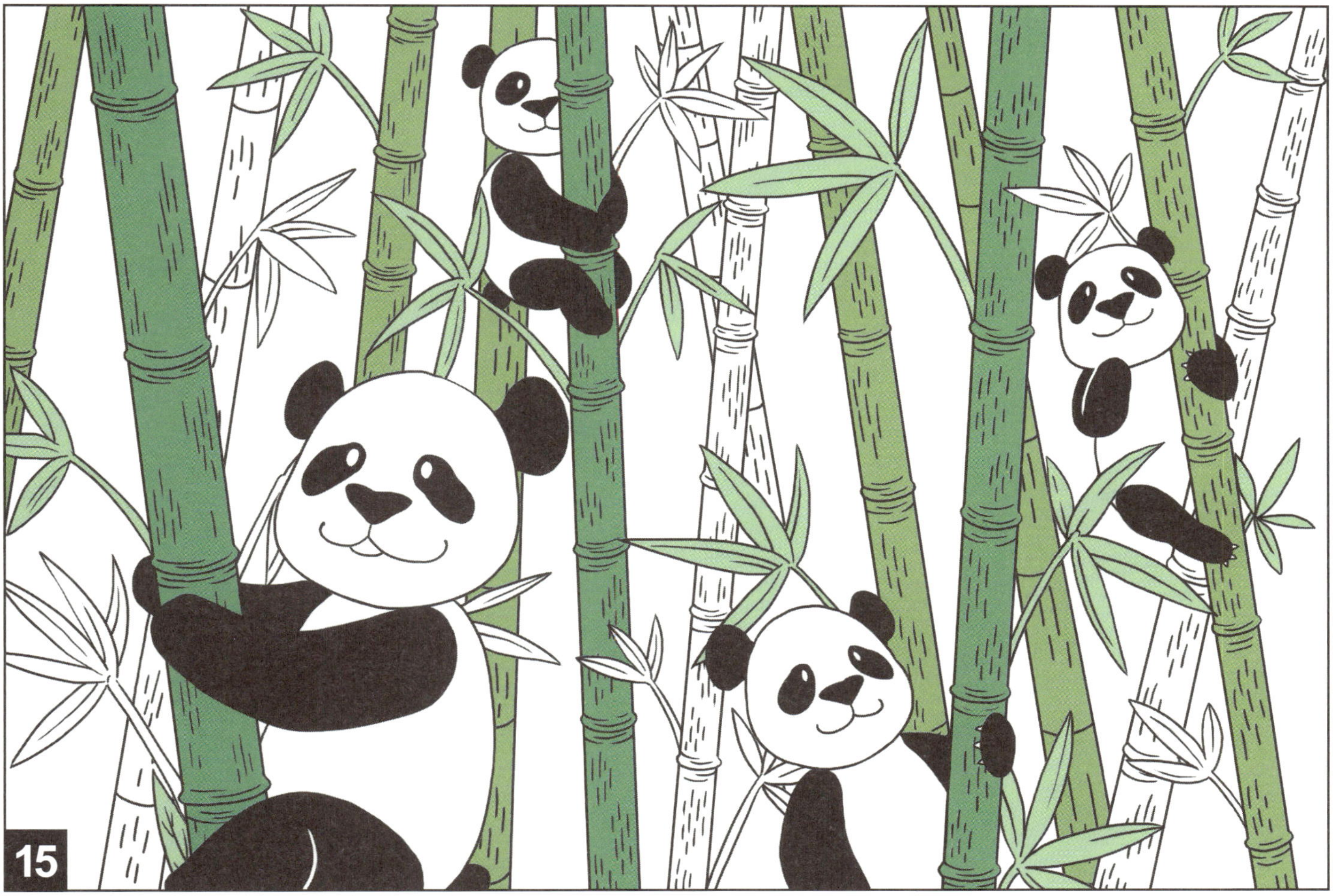
15

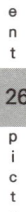

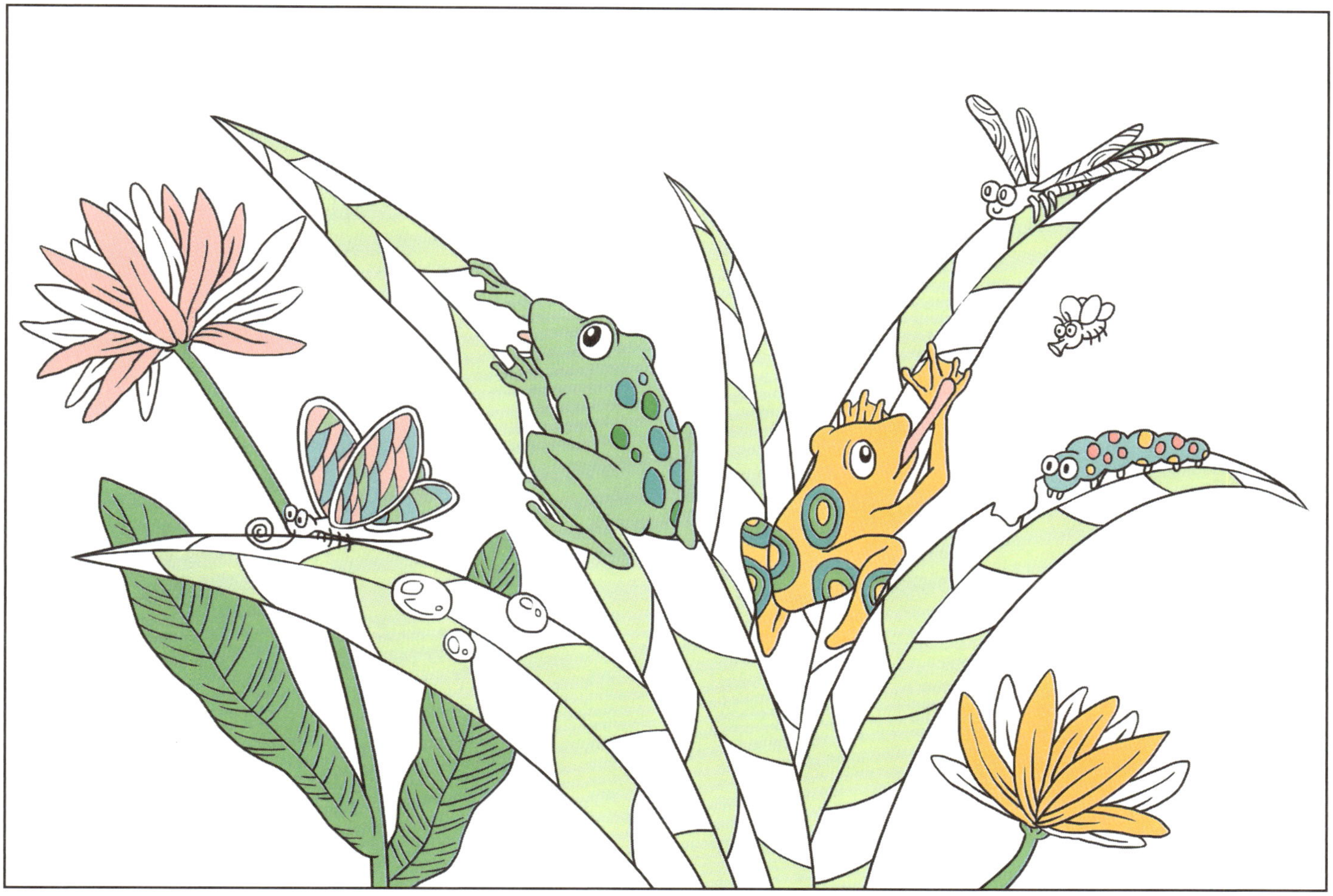

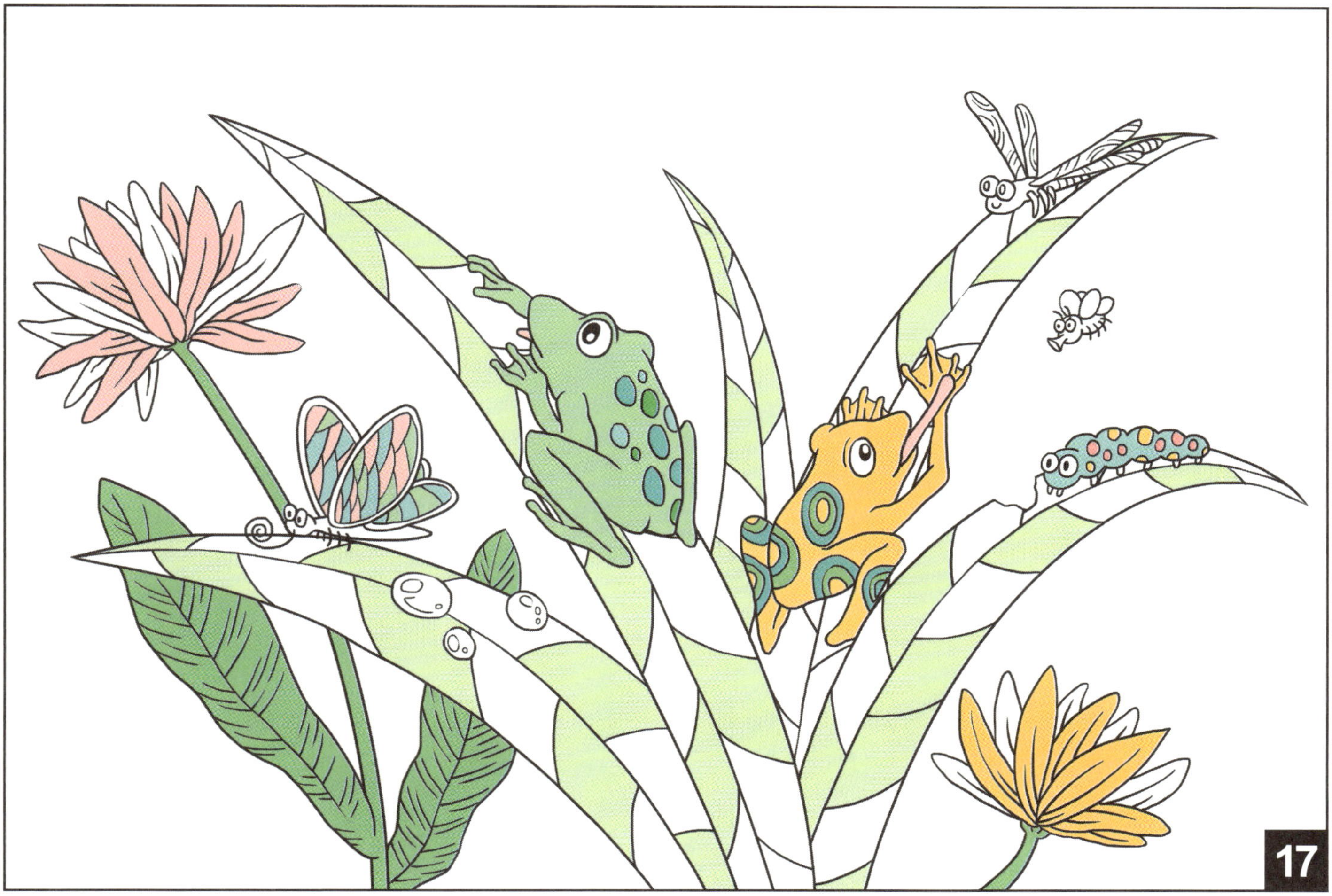

17

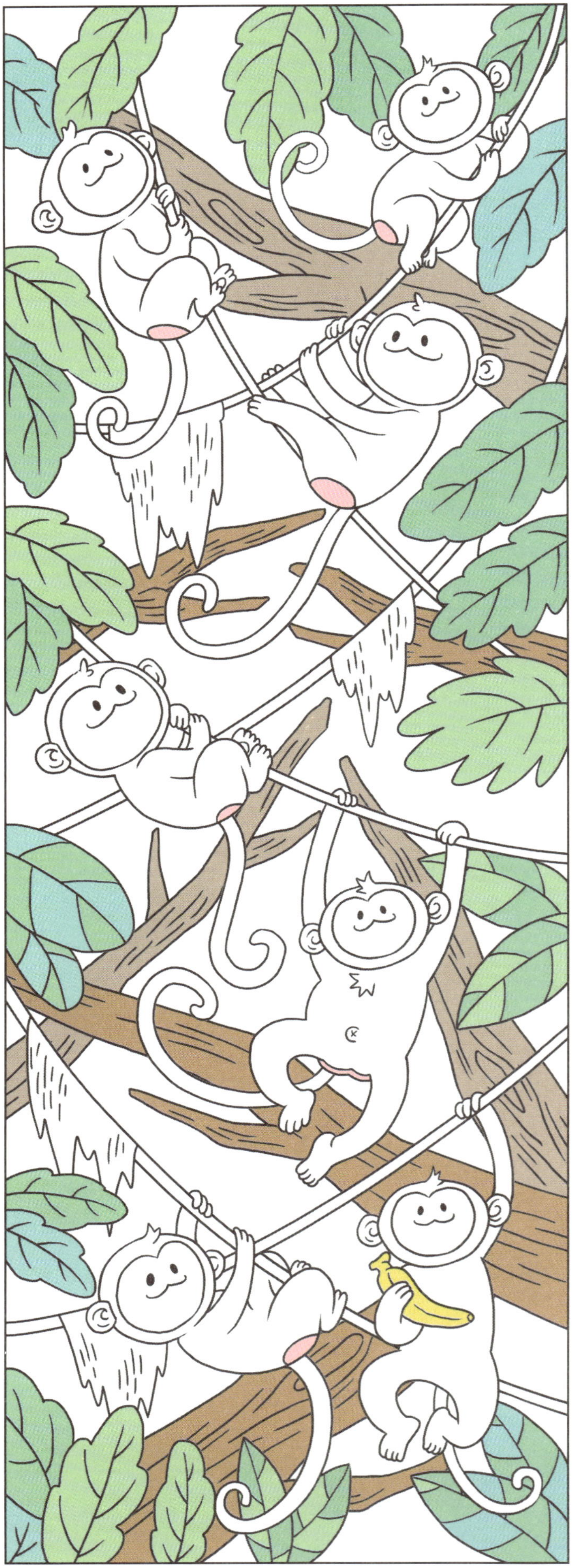

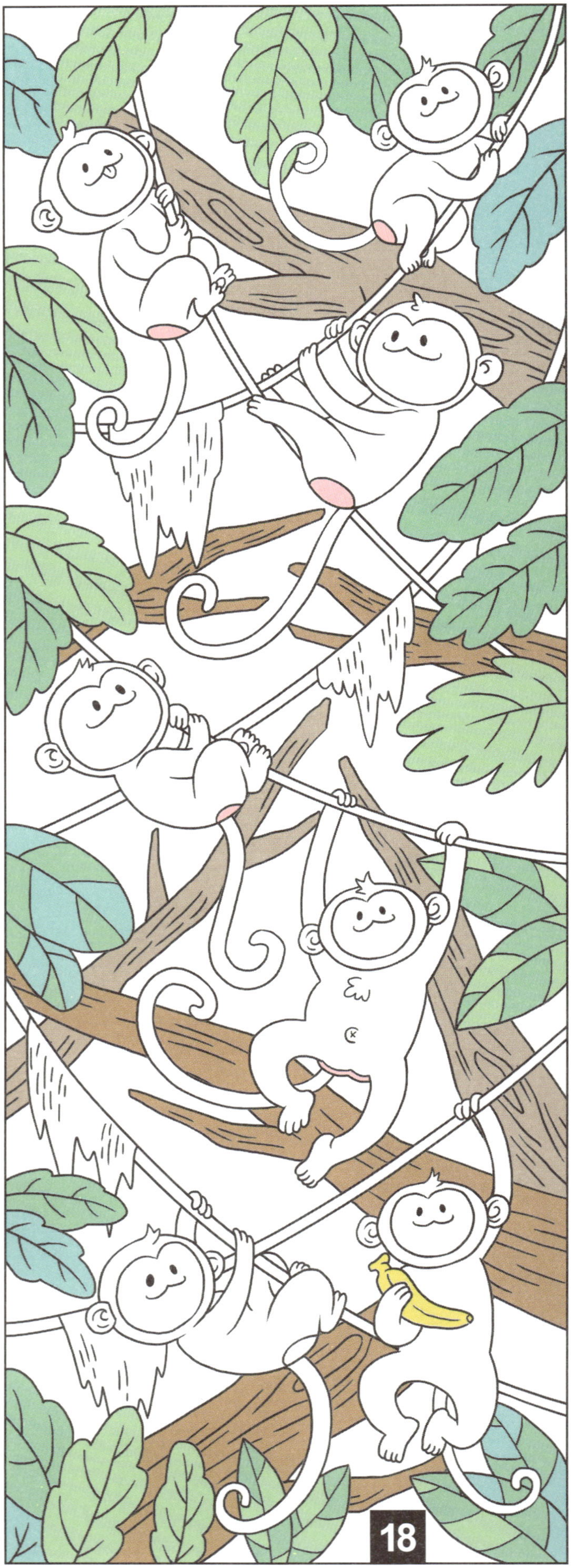
18

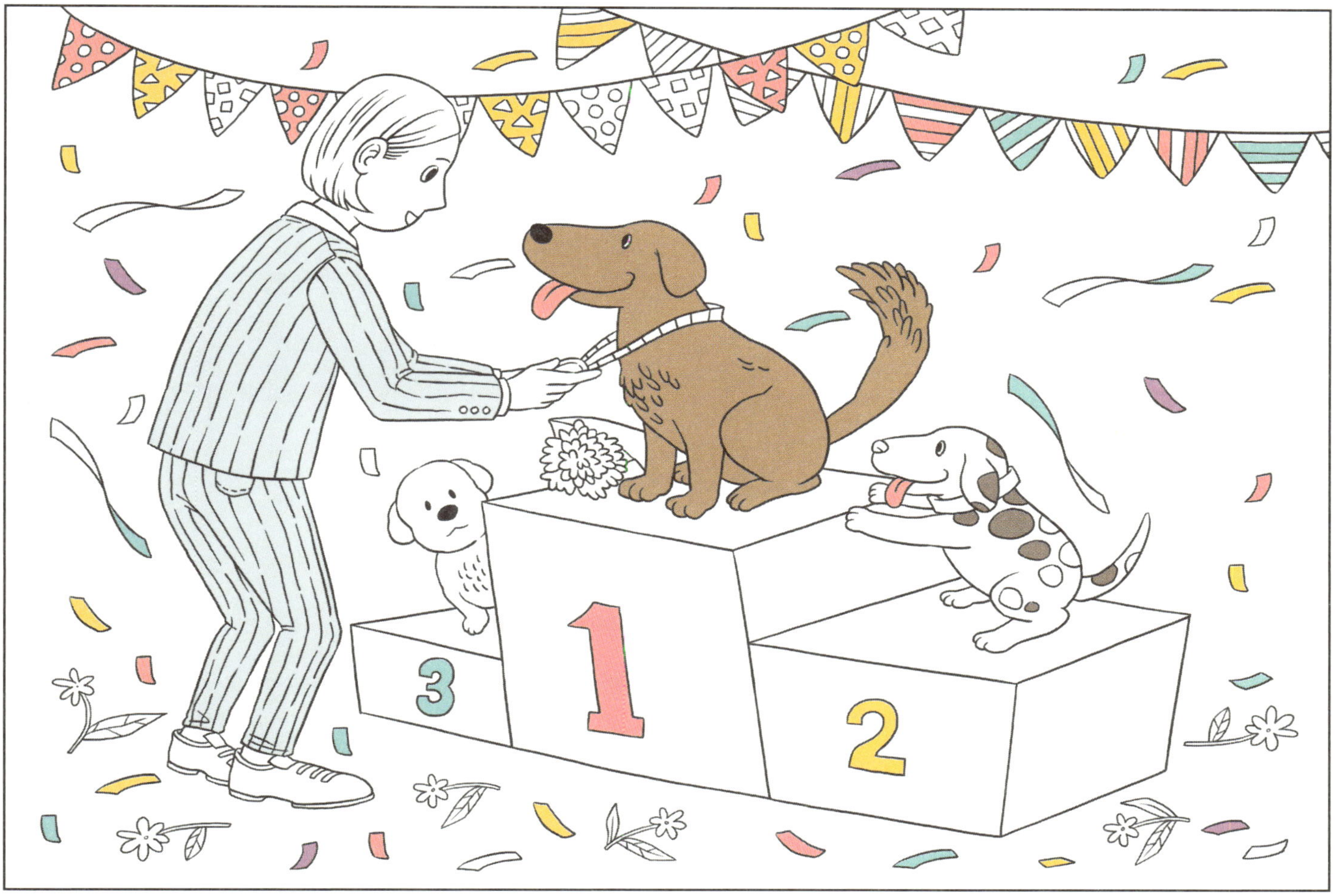

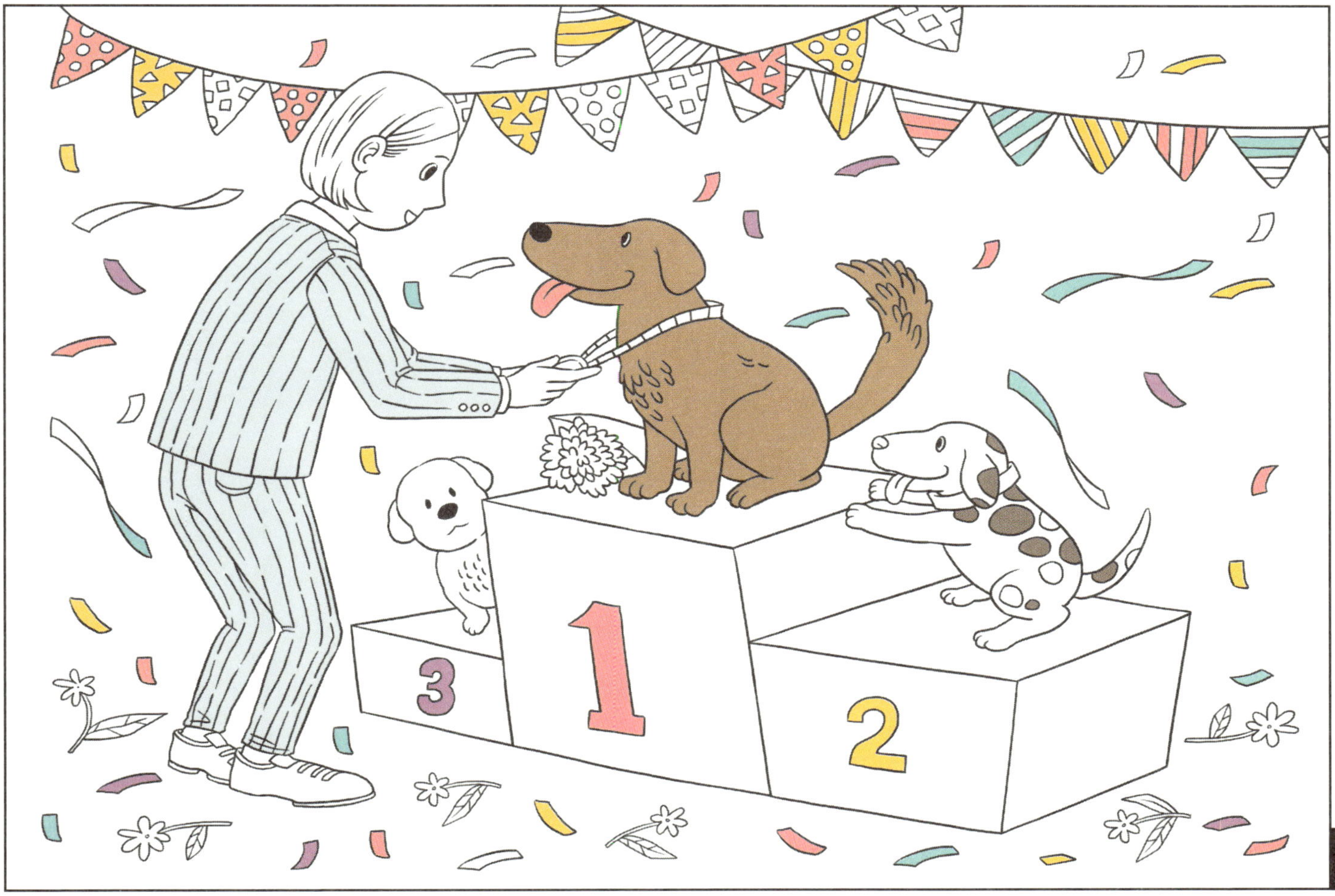

22

13

15

34

15

20

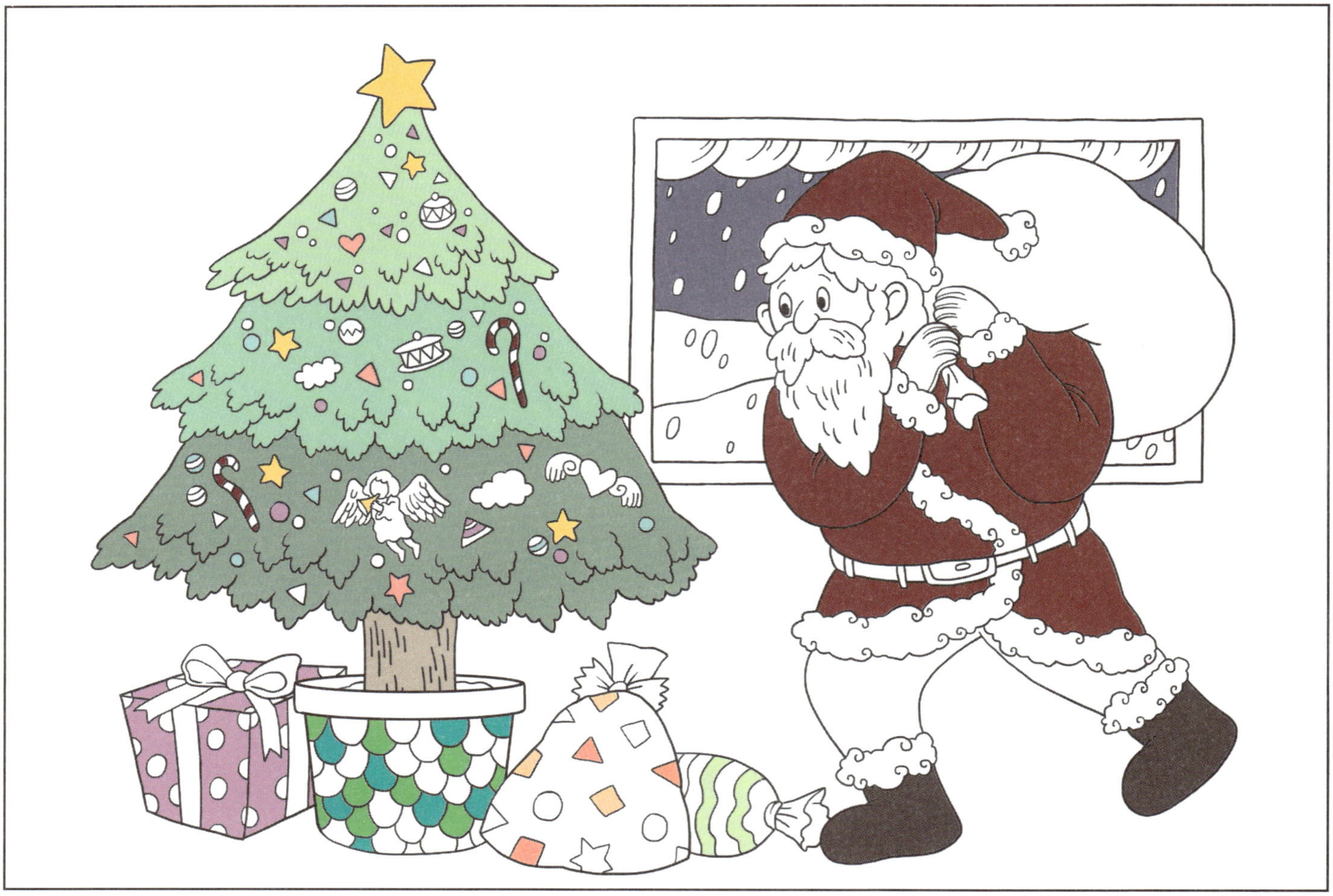

20

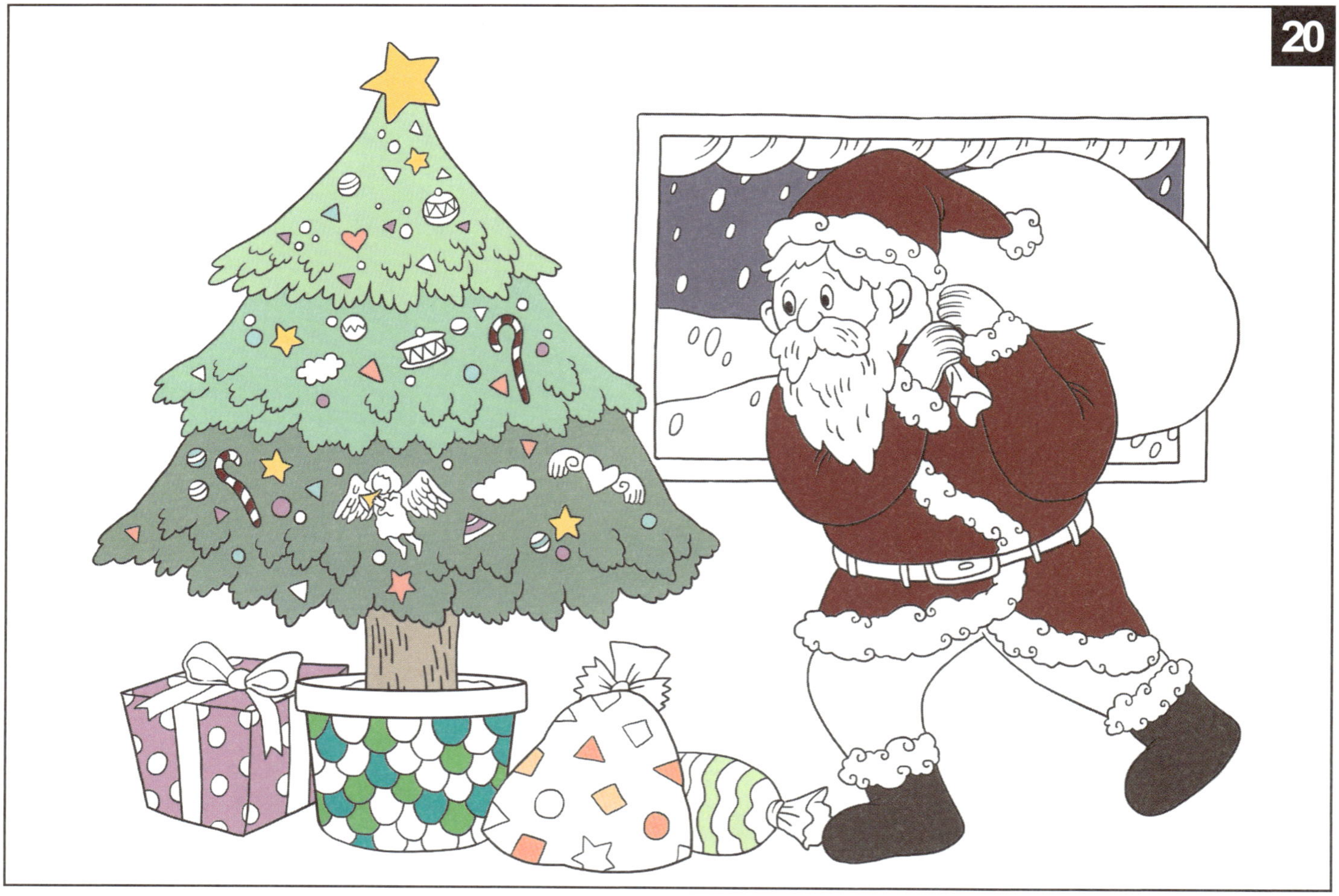

12

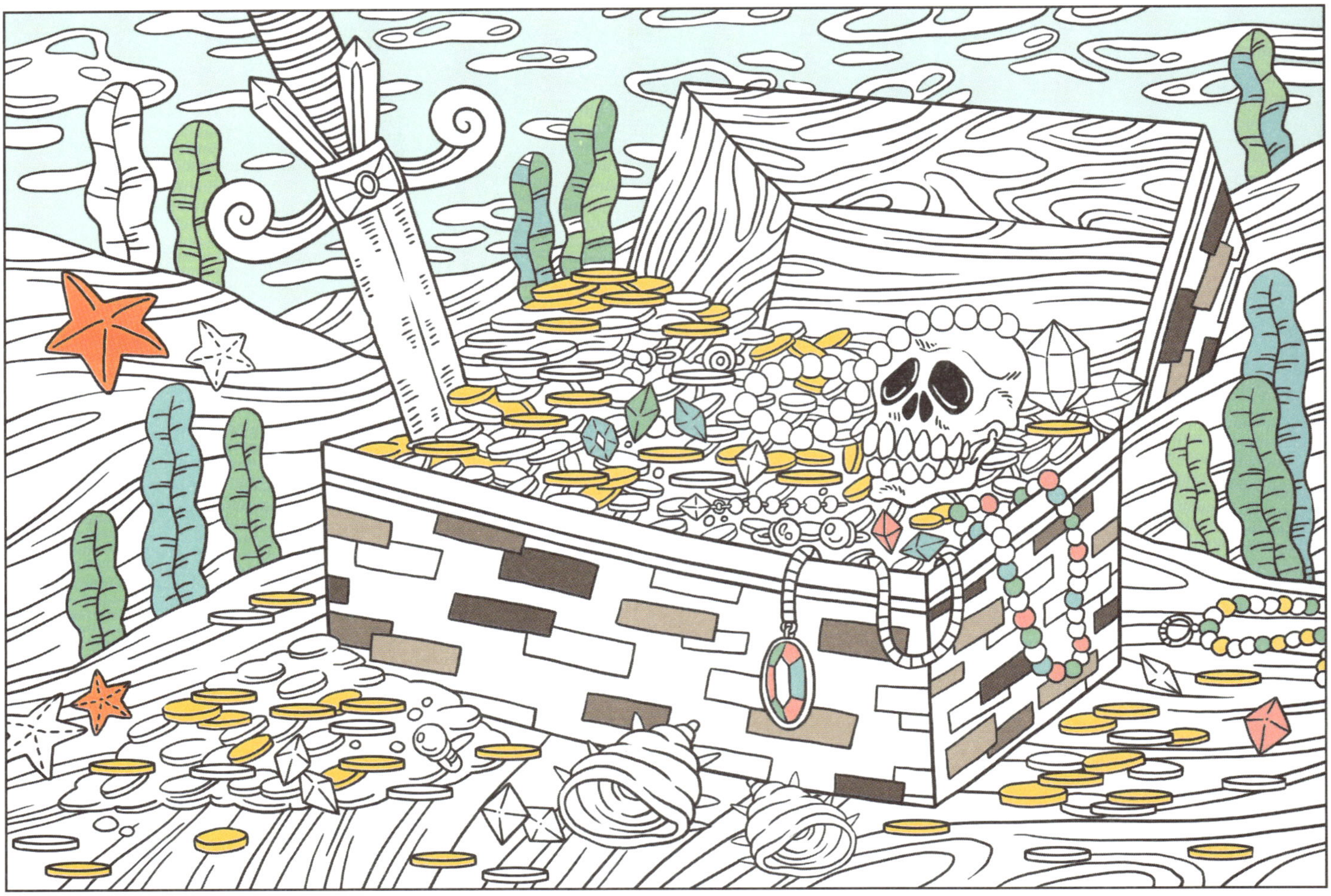

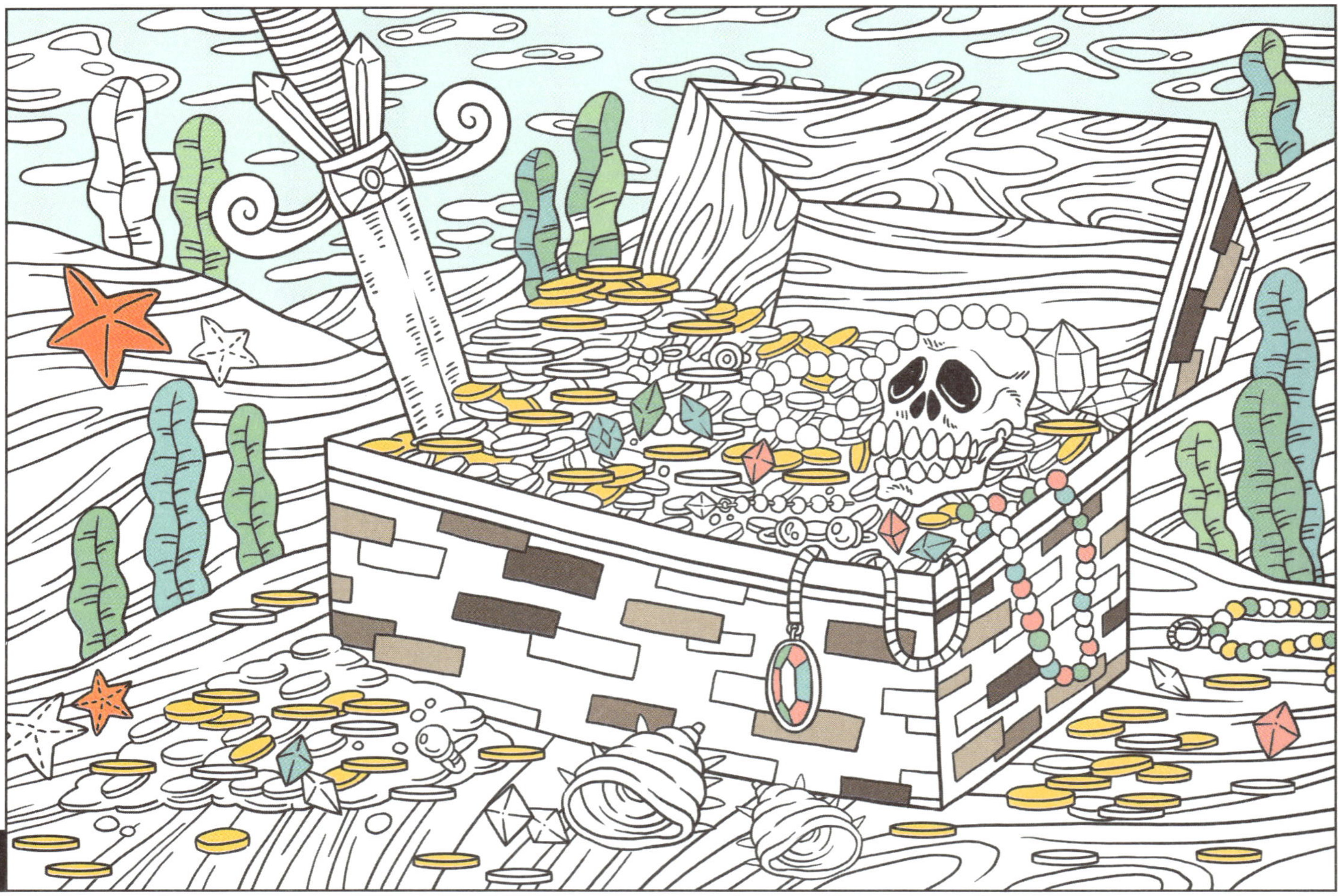

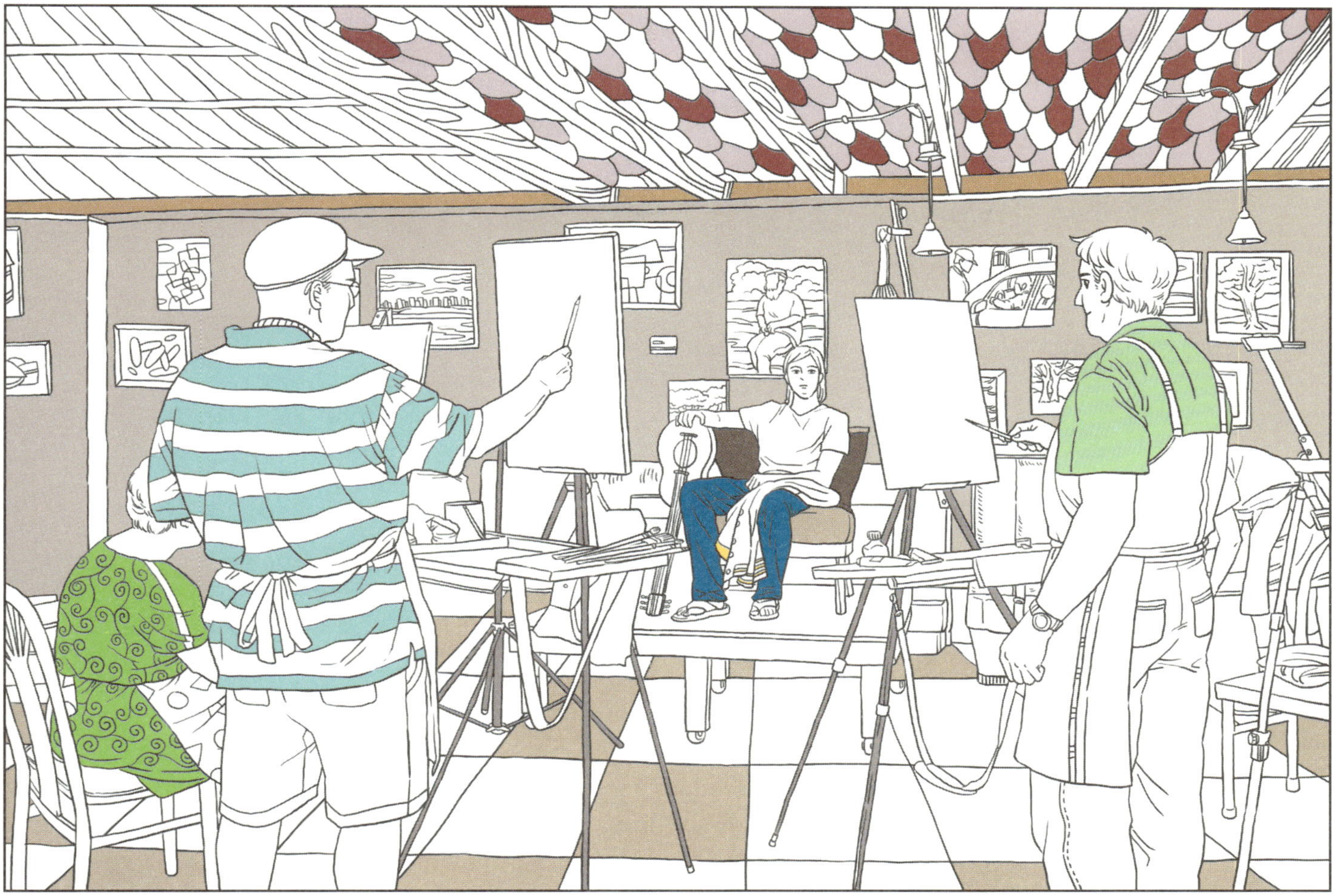

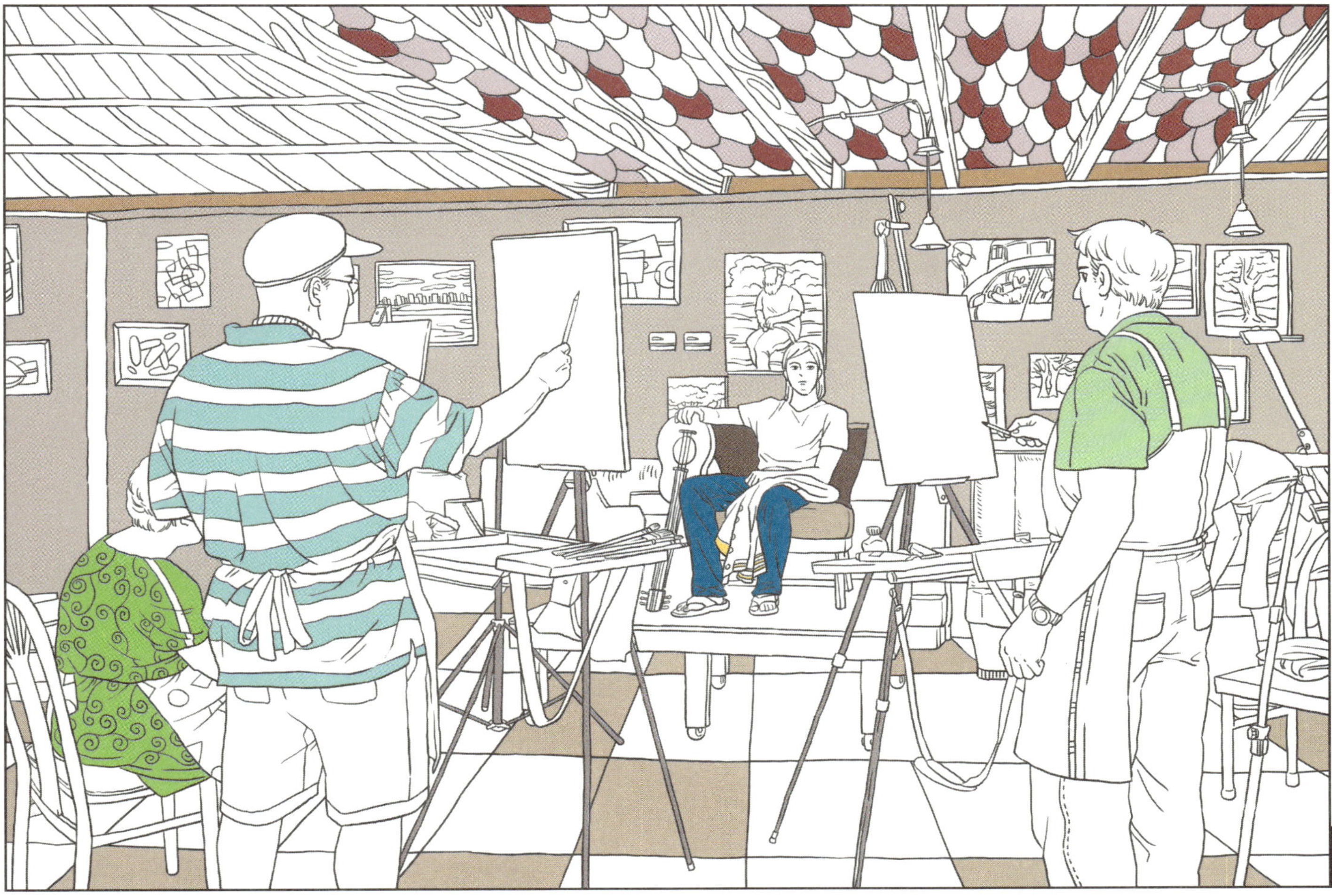

30

Different picture

48

26

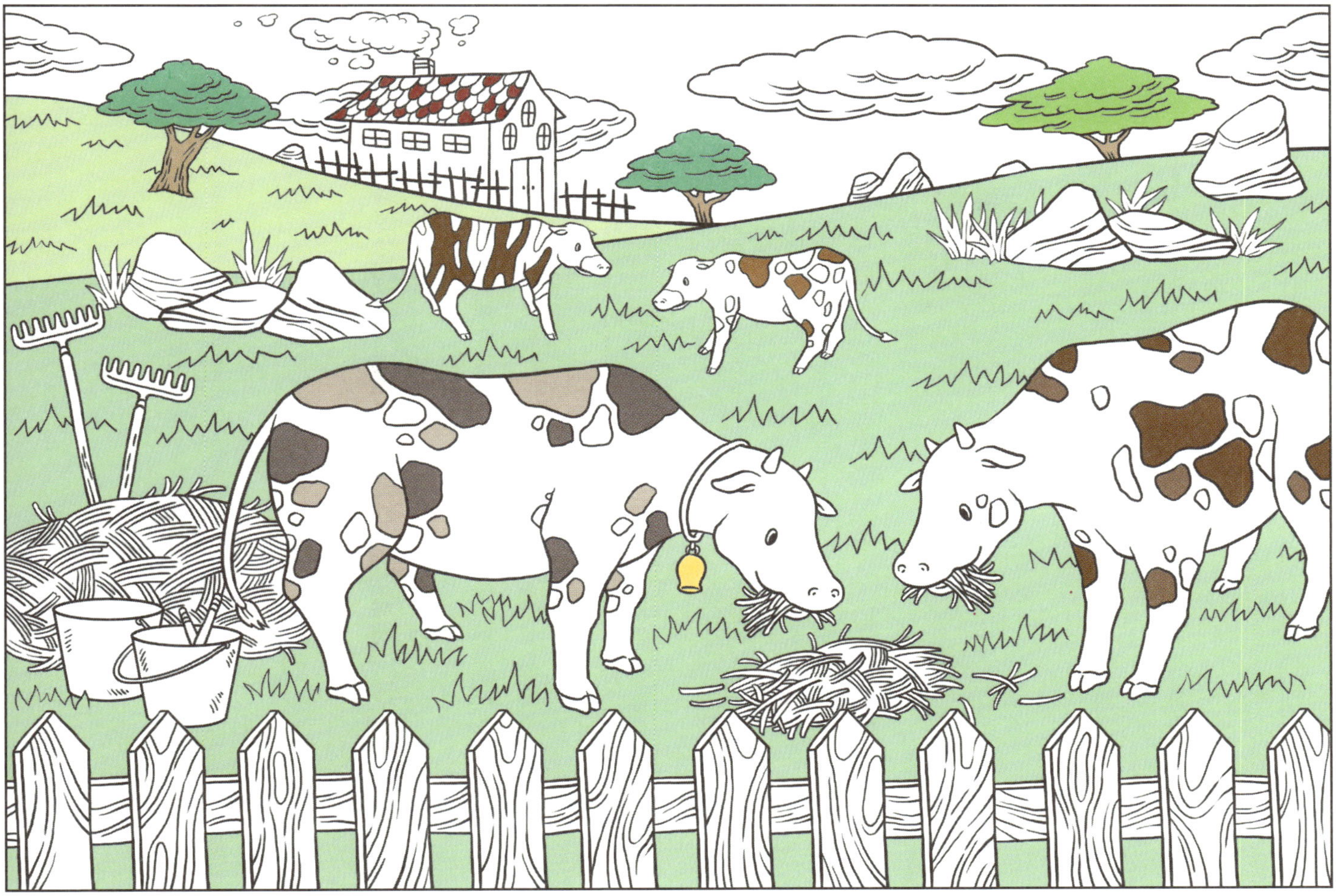

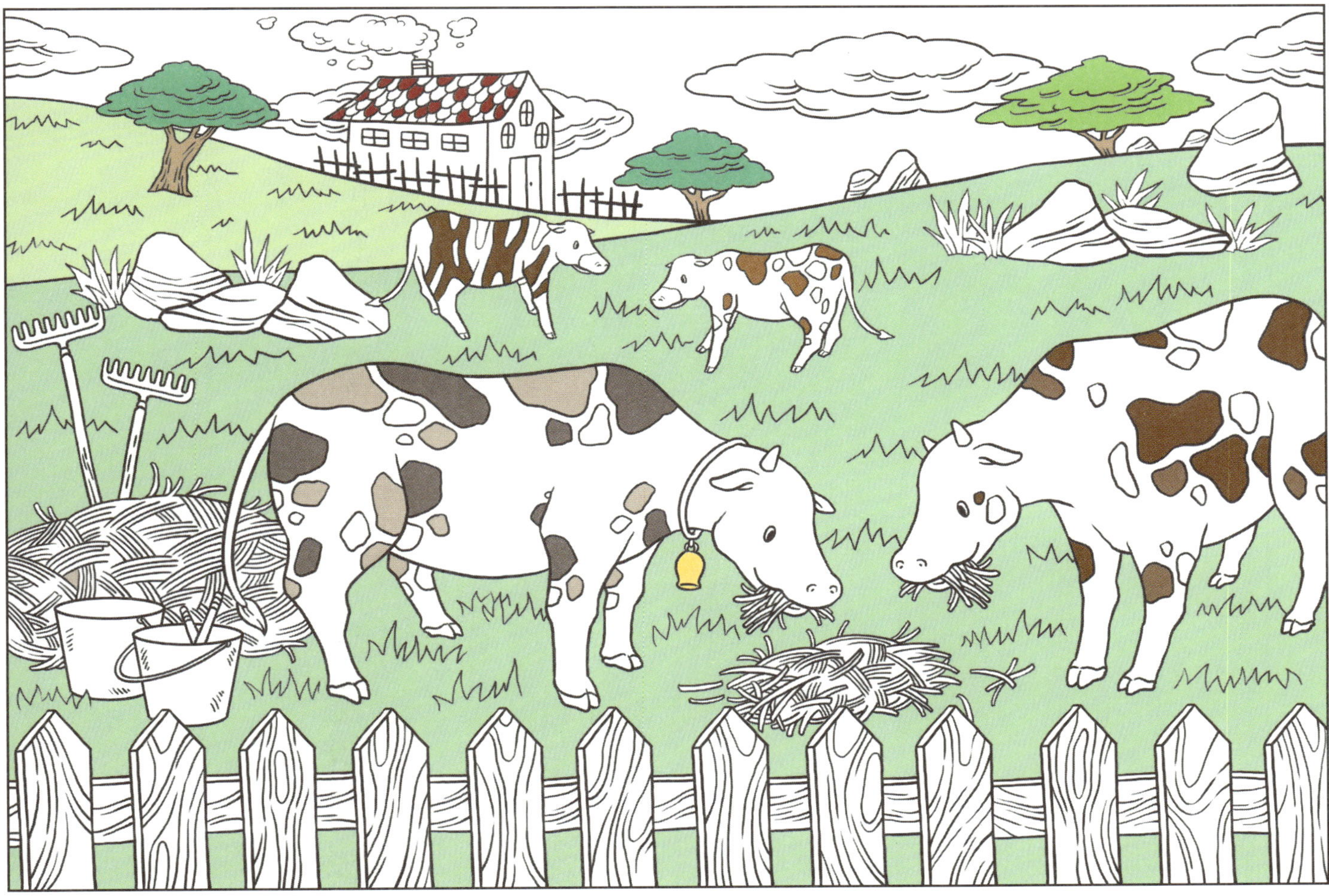

31

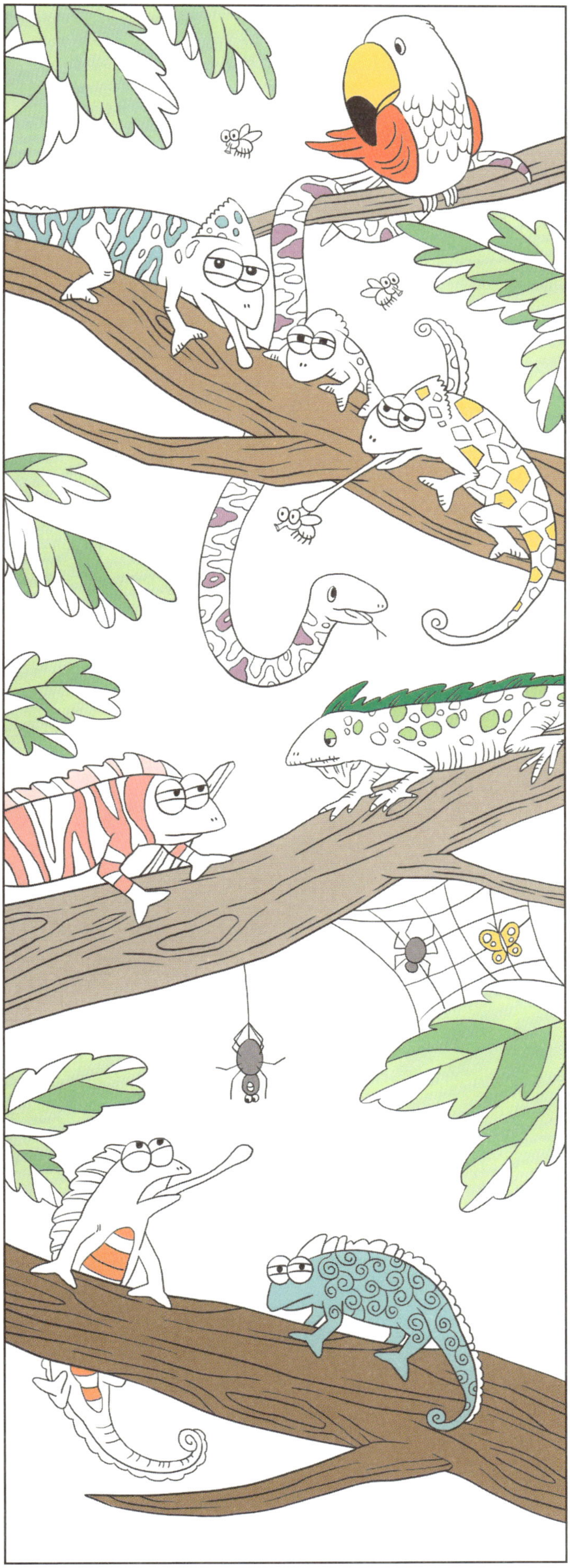

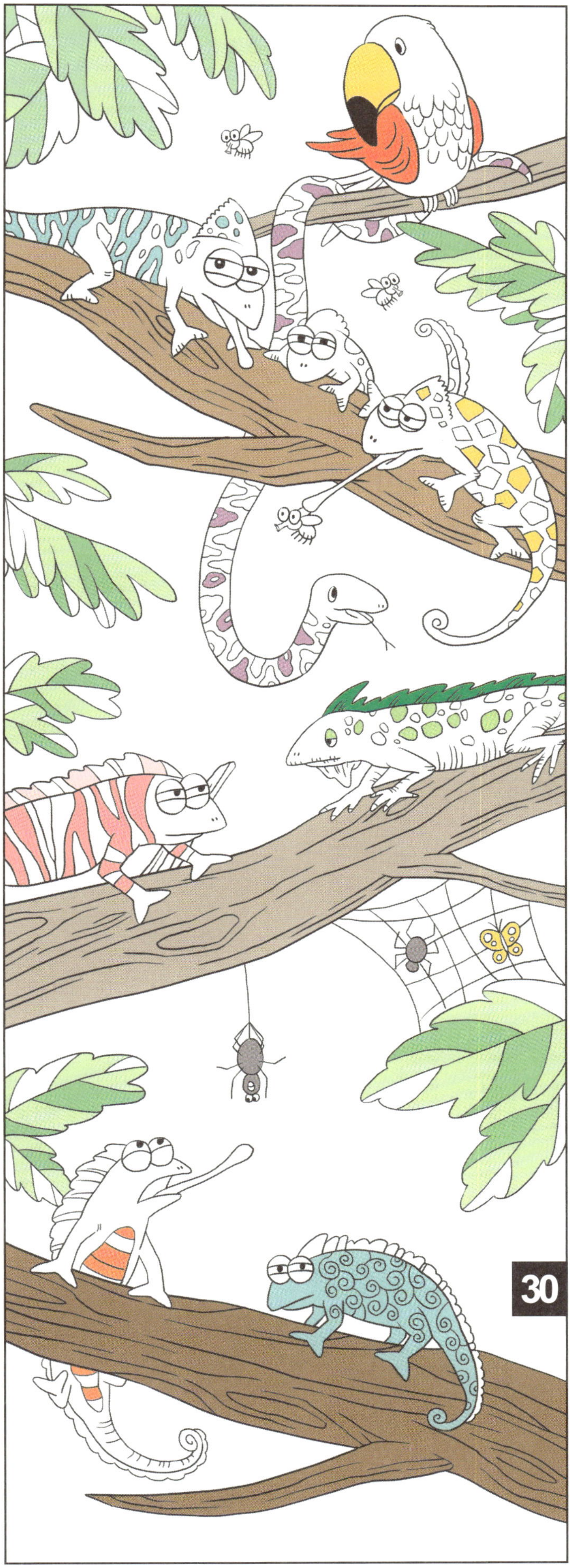

30

40

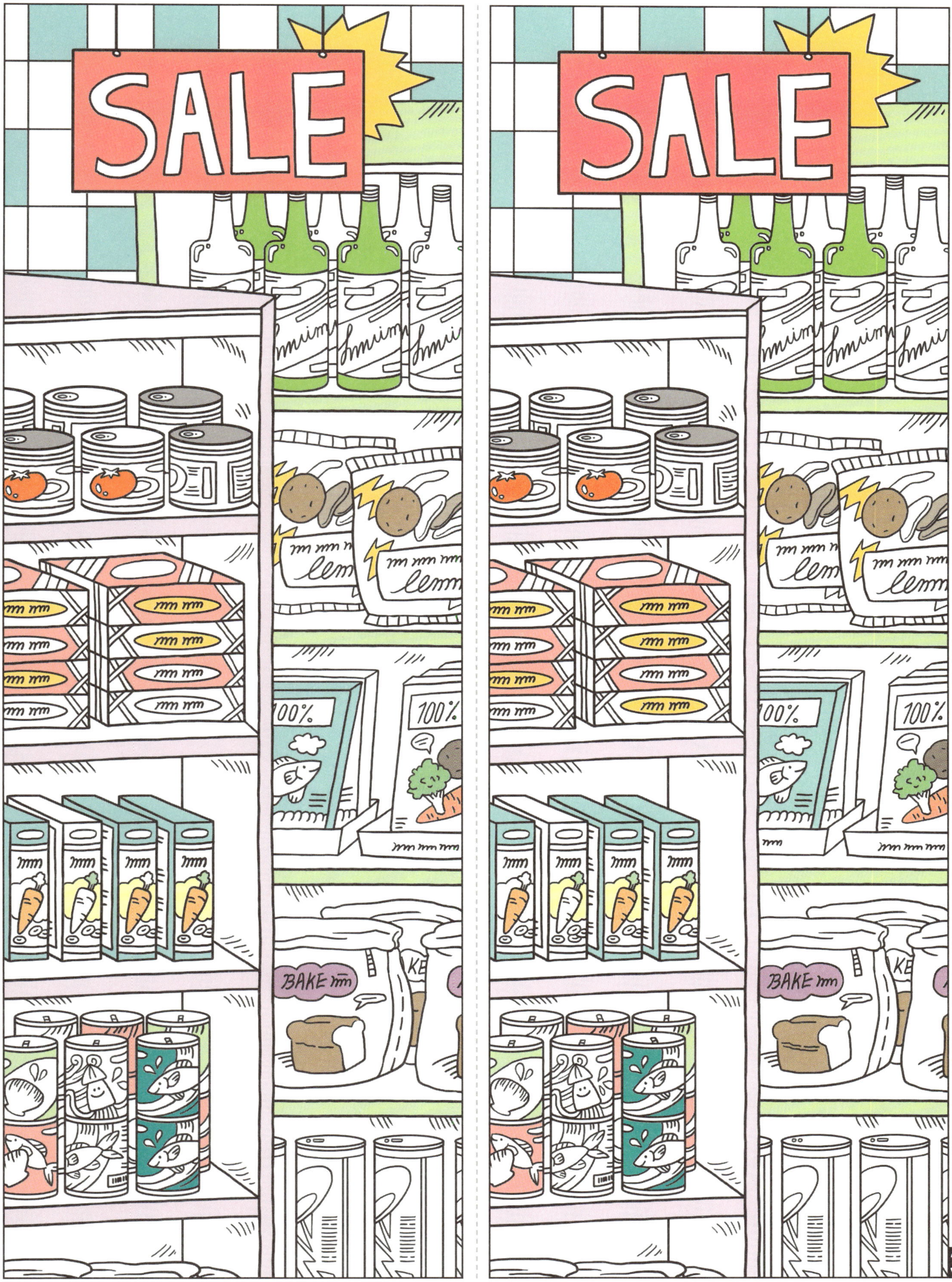

30

40

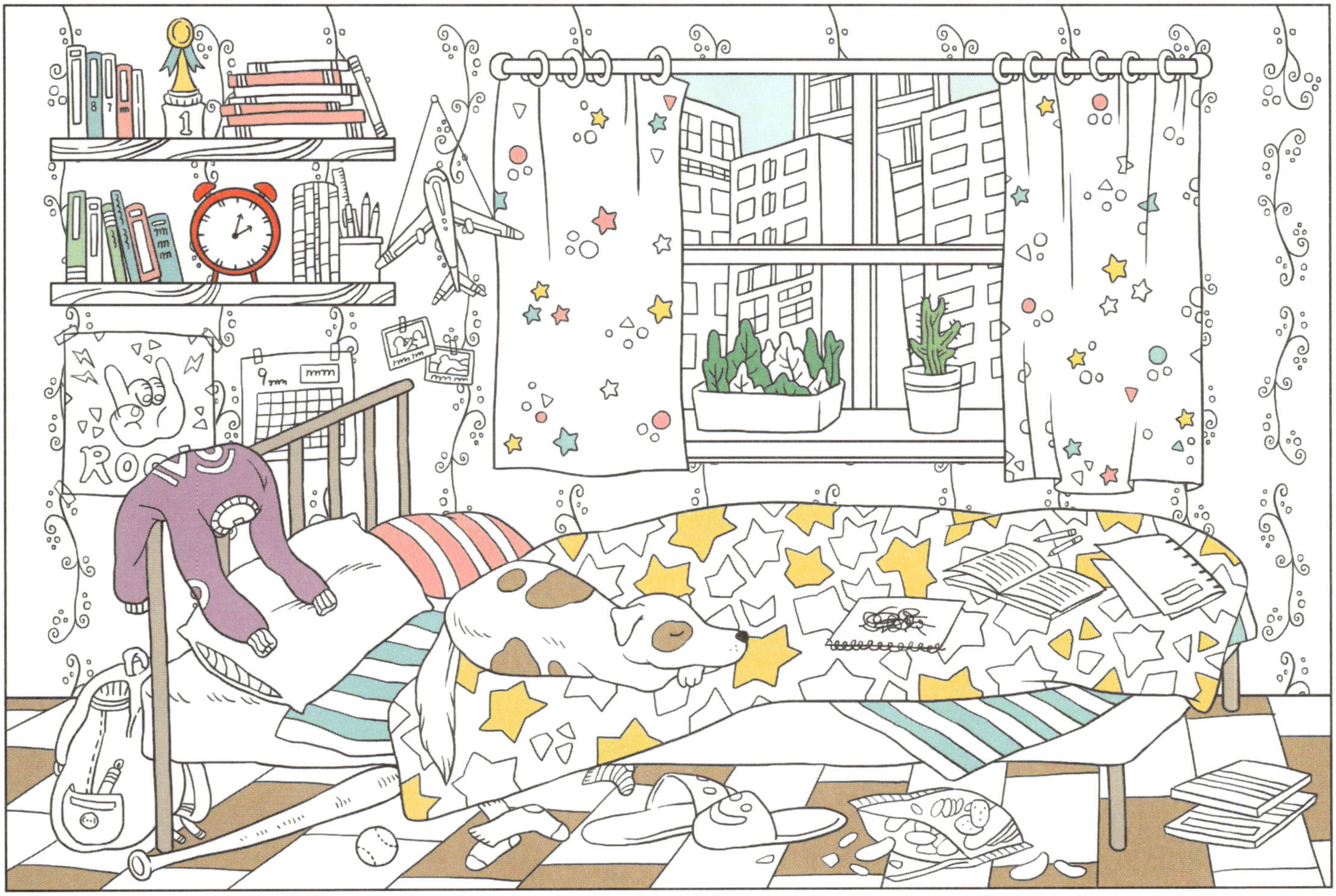

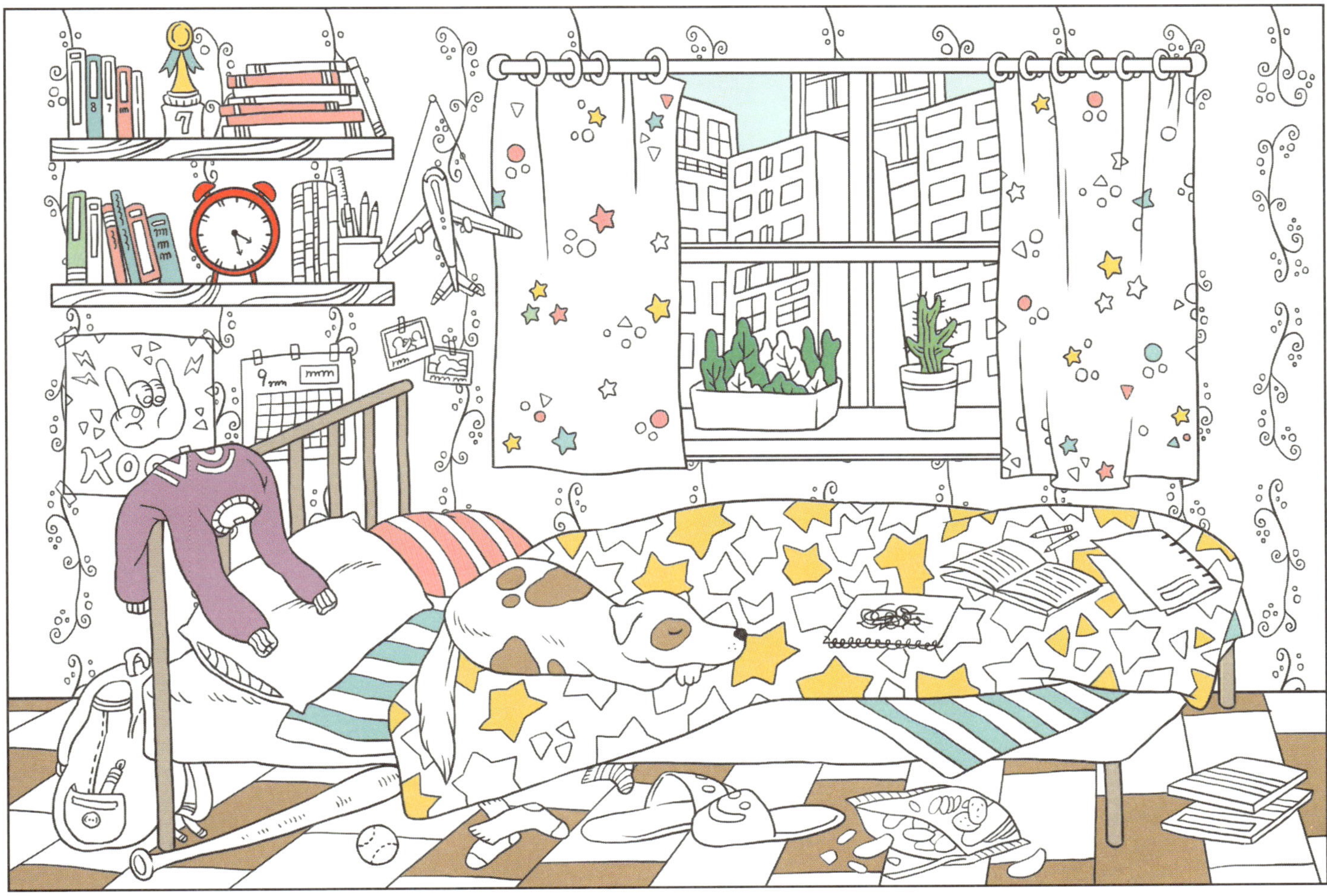

40

41

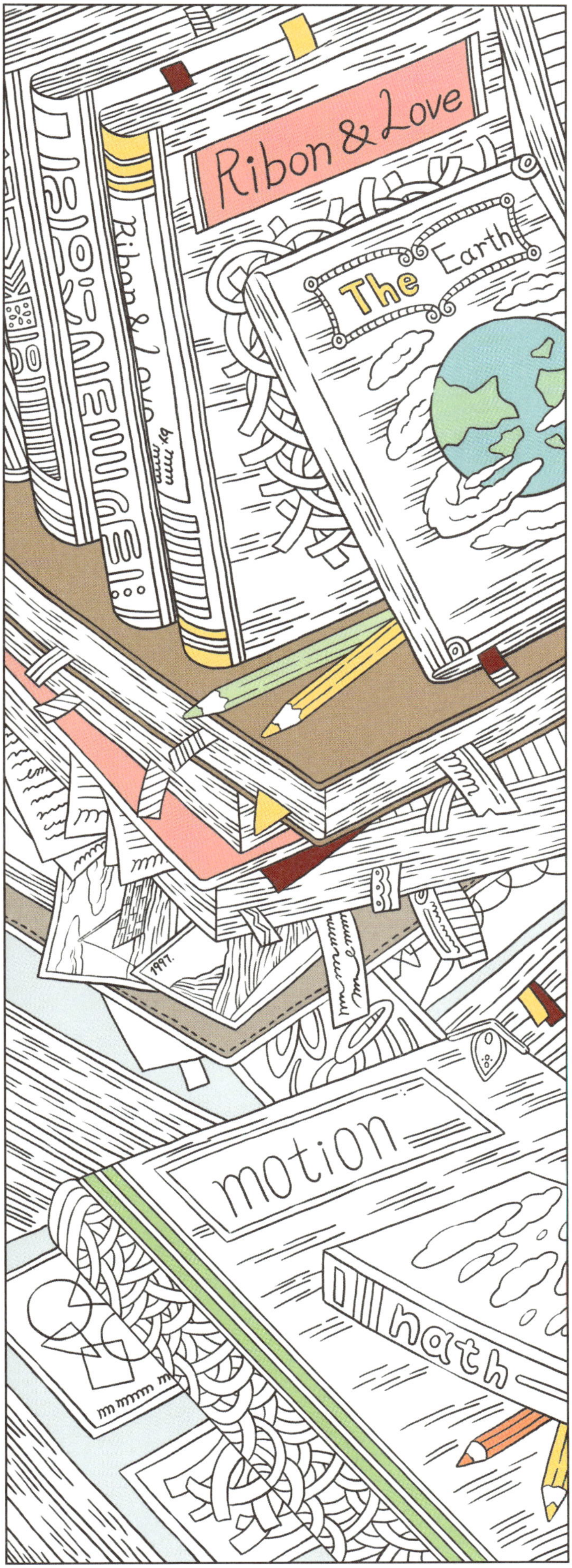
Ribon & Love
The Earth
motion
hath

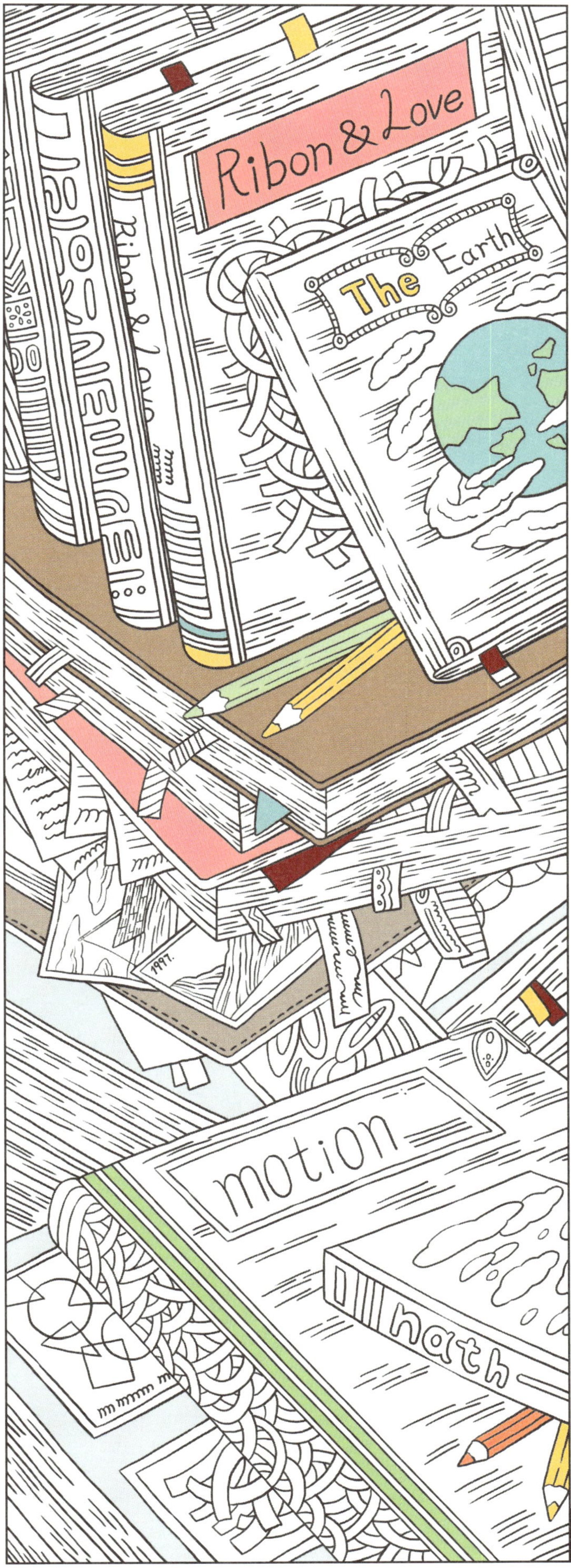
Ribon & Love
The Earth
motion
hath

56

26

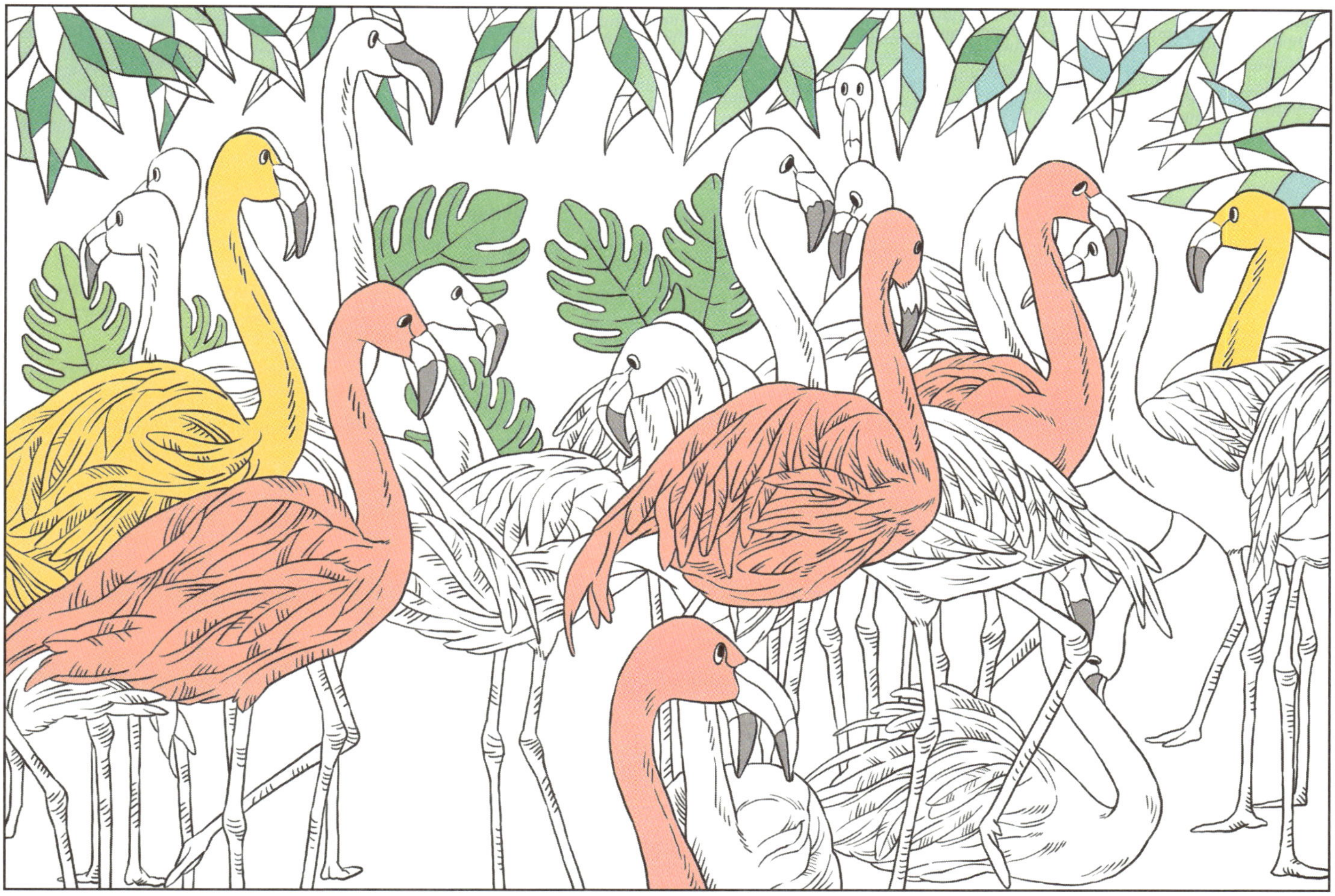

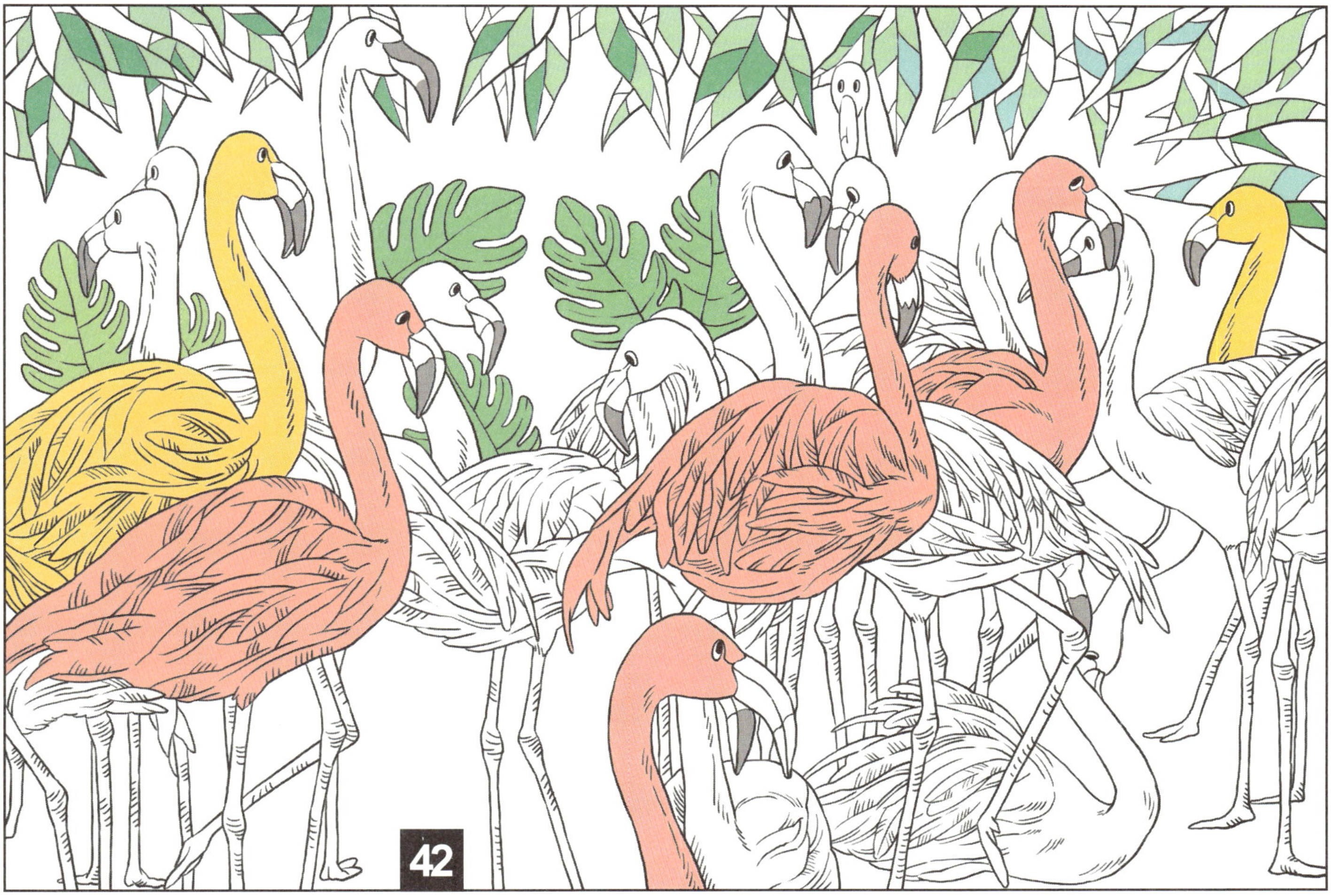
42

53

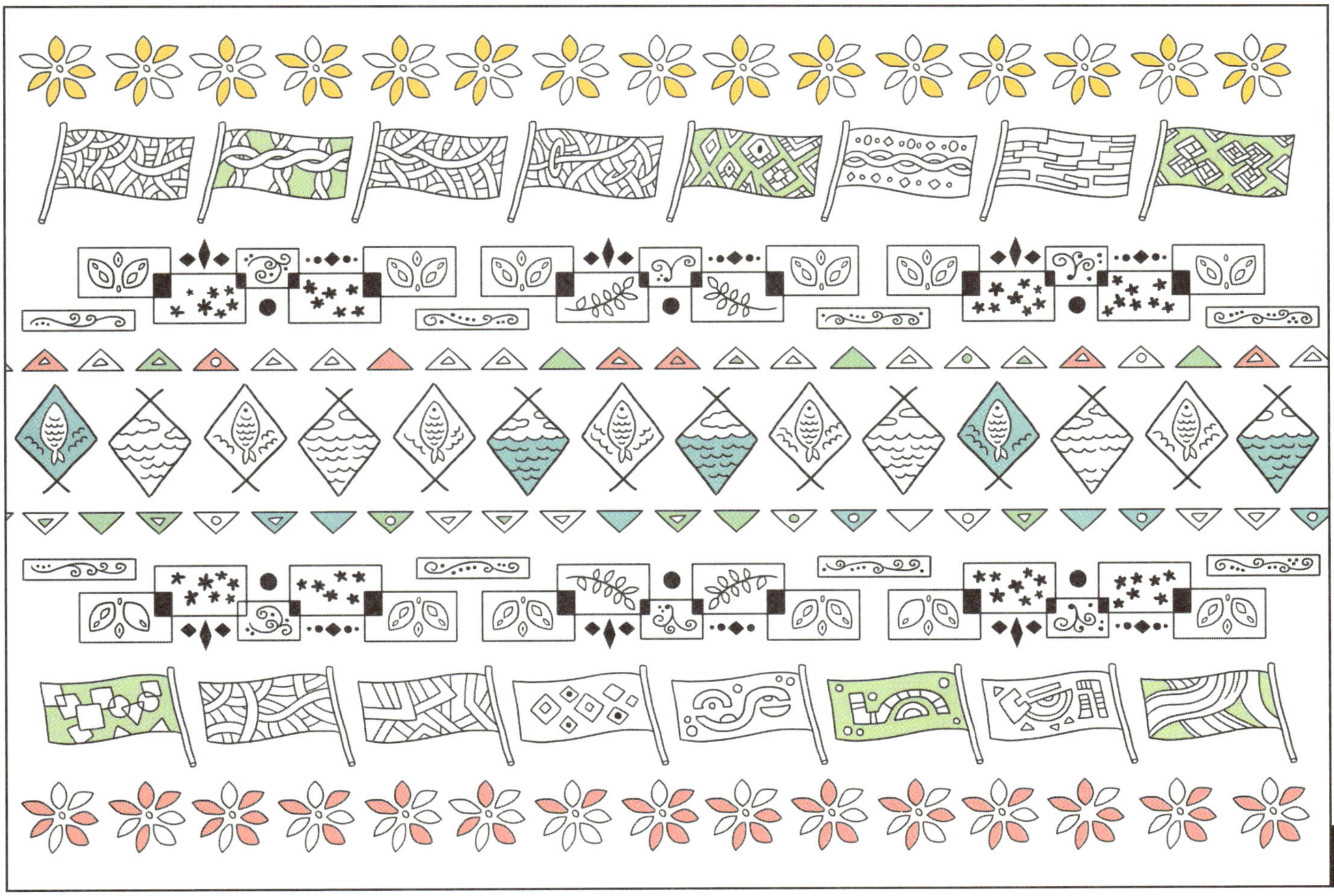

Different picture

64

80

Different picture

82

42

Different picture

84

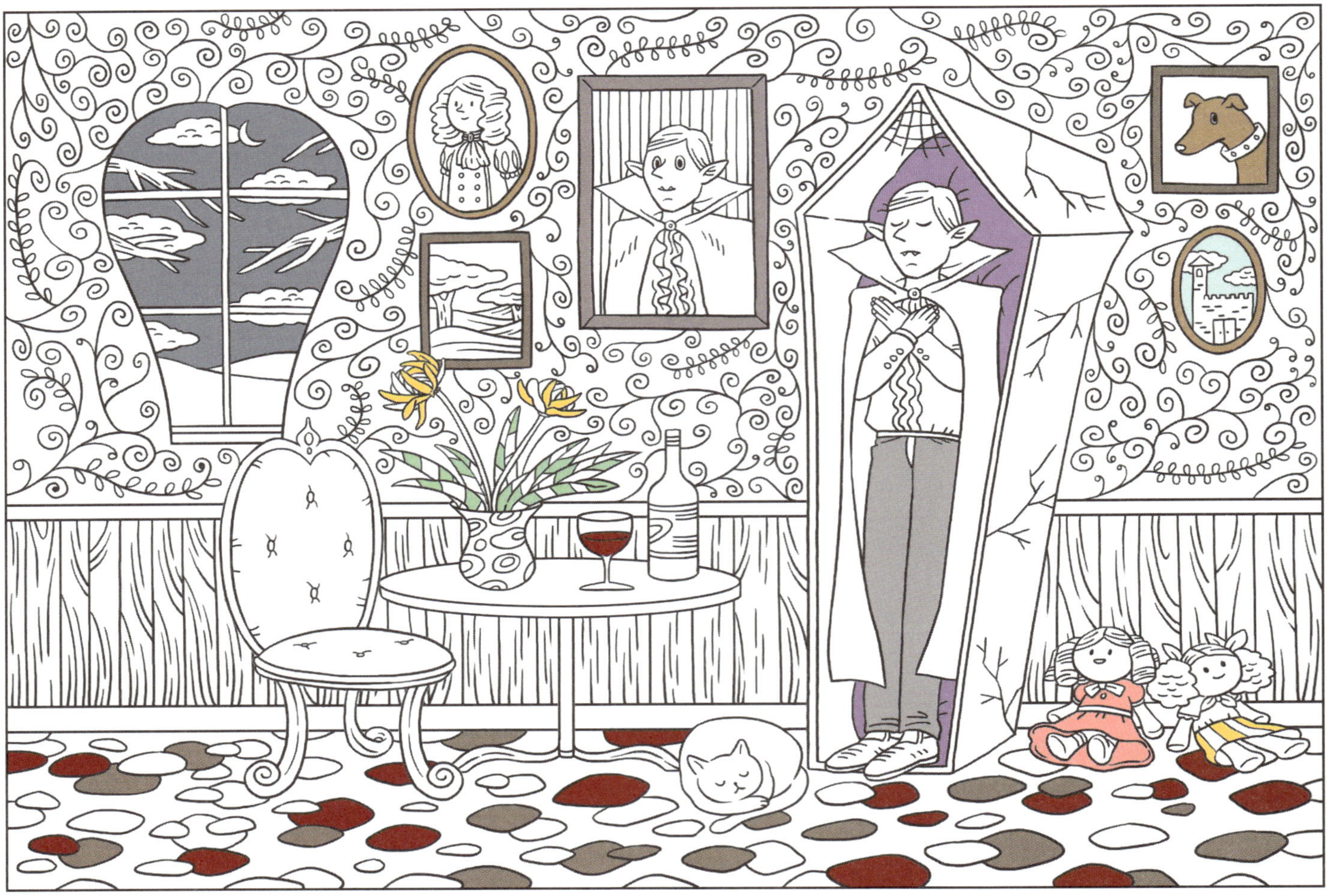

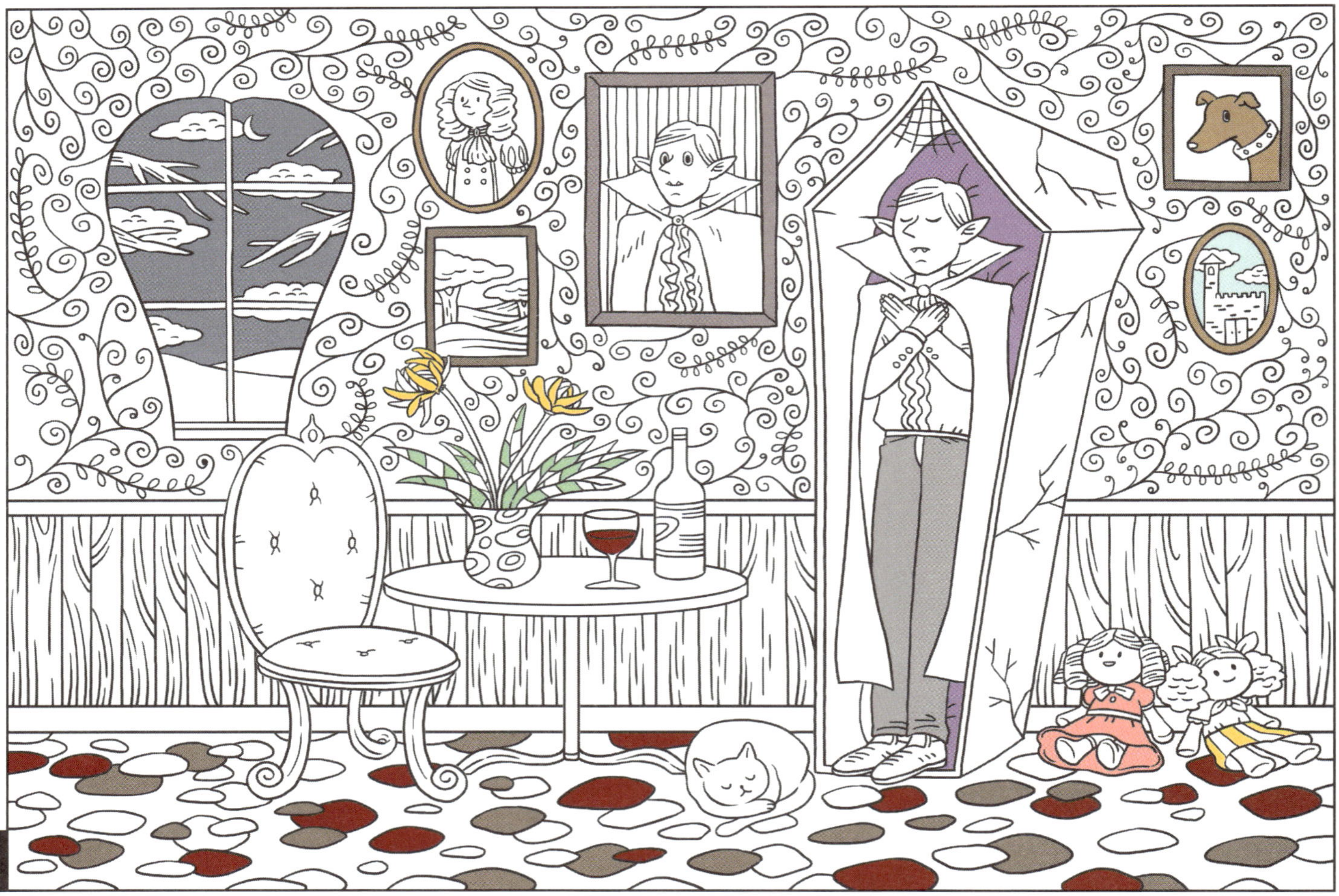

55

65

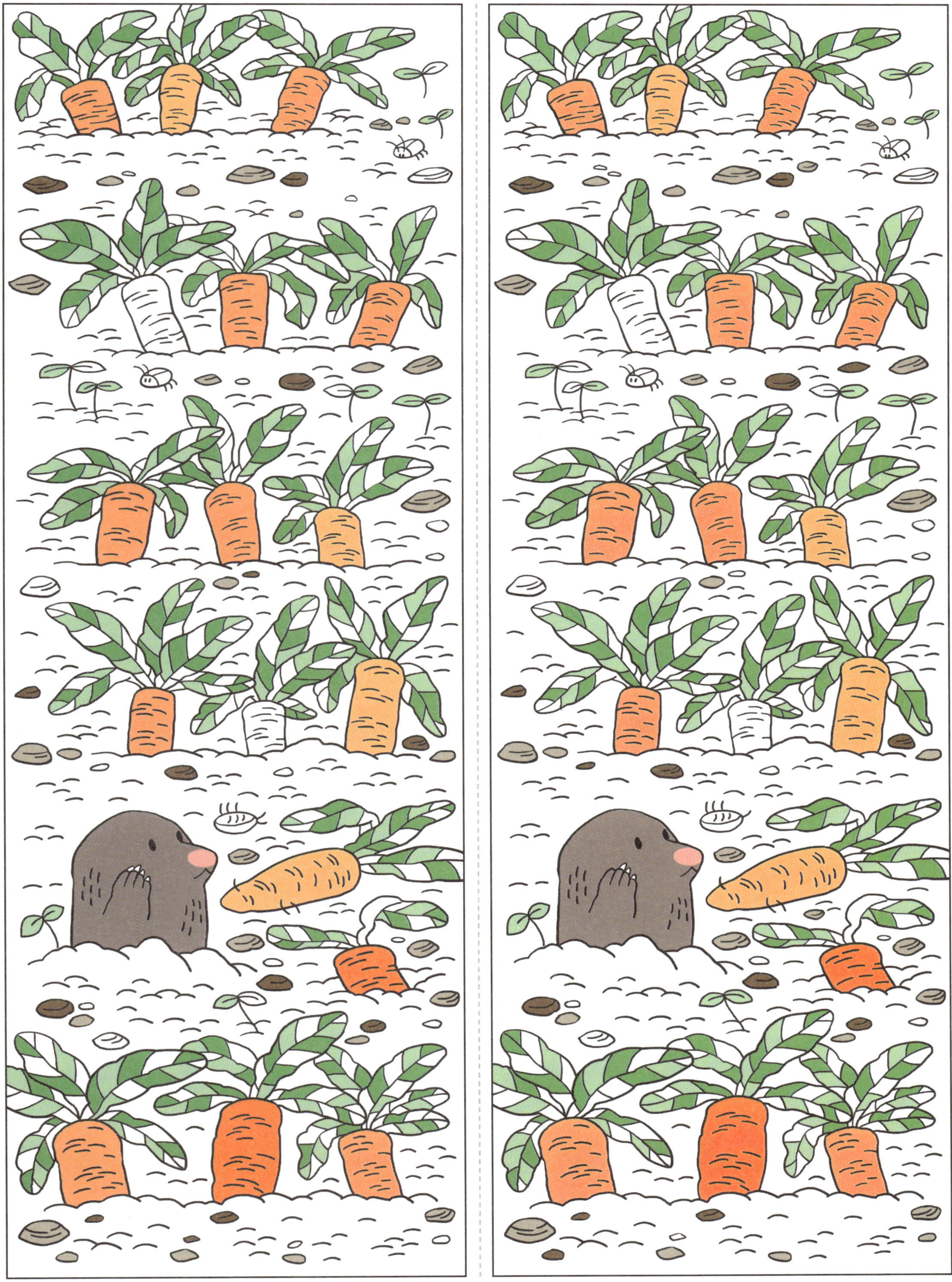

SOLUTION

Different picture

97

SOLUTION

Different picture

SOLUTION

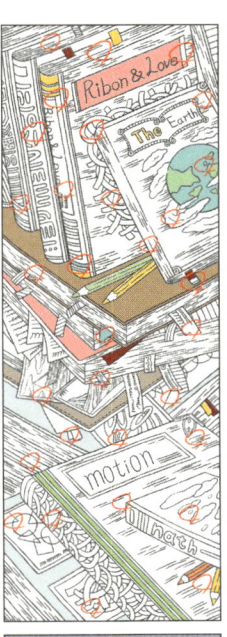

SOLUTION

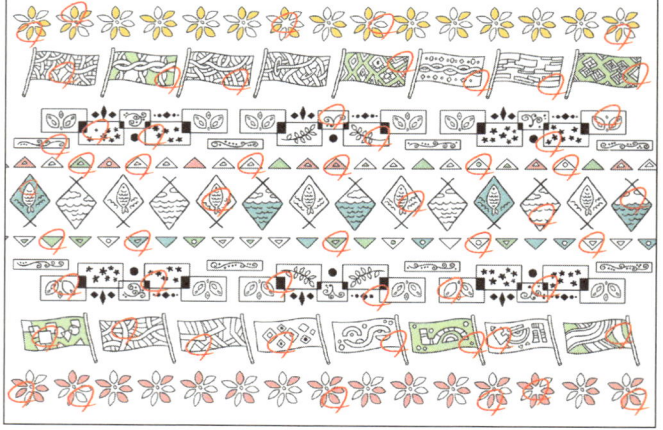

SOLUTION